Alle Achtung!

Almuth Bartl

Spiele, Tipps und Tricks
zur Schulung von Aufmerksamkeit,
Konzentration und Ausdauer

Mildenberger Verlag

Bestell-Nr. 180-52 · ISBN 978-3-619-01852-9

Internetadresse: www.mildenberger-verlag.de
E-Mail: info@mildenberger-verlag.de

Auflage	Druck	4	3	2	1
Jahr		2010	2009	2008	2007

Lektorat und Bildredaktion: Andreas Hoffmann, Punktum Verlags-Service, 95444 Bayreuth, www.punktumverlagsservice.de
Illustrationen: Martin Pfaender, Lenggries
Satz: Mildenberger Verlag, Offenburg
Druck: EH-Druck, 77716 Haslach

Gedruckt auf umweltfreundlichen Papieren

Inhalt

Merk mal!

Gedächtnisspiele

Denk mal!

Denk- und Rätselspiele

Maximal!

Multitasking

Vorwort

Gute schulische Leistungen hängen bekanntlich nicht nur von der Intelligenz des Kindes, sondern selbstverständlich auch vom Arbeitsverhalten – und da speziell von der Konzentration – ab. Unkonzentriertheit ist häufig die Ursache für schlechte Noten und Verhaltensauffälligkeiten; sie bereitet Kindern, Eltern und Lehrern große Sorgen.

Die Ursachen für mangelnde Konzentration sind vielfältig. In den meisten Fällen liegt ihr eine Überforderung des Kindes zugrunde. Zum einen kann es sich um eine intellektuelle Überforderung handeln, in den meisten Fällen aber ist eine seelische Überforderung die Ursache.

Dieses Buch ist keinesfalls eine Anleitung zur Behandlung unkonzentrierter Kinder! Es macht sich lediglich das Phänomen zunutze, dass spielende Kinder sogar über relativ lange Zeiträume hinweg konzentrierte Kinder sind. Das Buch zeigt viele Möglichkeiten auf, die Konzentration im Spiel zu steigern und auf Dauer zu stärken.

Vergessen Sie auch nie die Zauberkraft des Lobes! Besonders den Kindern, die seelisch belastet sind, verschafft Lob neuen Aufwind und Selbstwertgefühle, die sich bald positiv auf das Gesamtverhalten auswirken werden.

Almuth Bartl

Das Geheimnis
allen geistigen Schaffens
ist die Sammlung.

Othmar Spann

Mangelnde Konzentration

Theoretische Überlegungen

Mangelnde Konzentration

Ausgangslage

Mangelnde Konzentration äußert sich in Form von Fahrigkeit, Vergesslichkeit und einer Häufung von vermeidbaren Fehlern. Die Kinder sind leicht ermüdbar, ablenkbar, vergessen, was sie gerade getan haben, beginnen viele Tätigkeiten und führen wenige zu Ende. Bei geistigen Arbeiten schweifen sie schnell vom Thema ab oder träumen mit offenen Augen. Dies schränkt ihre Leistung und die Qualität der Leistungen erheblich ein. Den Betroffenen mangelt es an Vitalität und Kreativität, sie fühlen sich schwach, überfordert, oft auch gelangweilt und mutlos. Nicht selten zeigen Kinder mit mangelnder Konzentrationsfähigkeit auch negatives Sozialverhalten.

Ursachen für Mangelnde Konzentration

Angeborene Konzentrationsschwächen

Z.B. durch Sauerstoffmangel bei der Geburt.

Mangelnde Anstrengungsbereitschaft

Z.B. wegen mangelnden Interesses an dem Lerngegenstand.

Reizüberflutung

Z.B. durch stundenlanges Fernsehen.

Überforderung

Z.B. durch Wahl der falschen Schulart bzw. nicht kind- und altersgemäße Aufgabenstellung (siehe auch Unterforderung).

Unterforderung

Das Kind langweilt sich und passt nicht mehr auf.

Vorbildfunktion der Eltern (Geschwister, Freunde, ...)

Bezweifeln die Eltern die Wichtigkeit der Aufgabe oder die Qualität des Lehrers und zeigen dies bewusst oder unbewusst dem Kind, wird natürlich auch dessen Engagement leiden. Sätze wie „Ich war auch immer schlecht in Mathematik“ erledigen leider viele Motivationshilfen des Lehrers mit einem Schlag.

Ungenügende Kontrolle der häuslichen Arbeiten

durch Lehrer und Eltern bedingt zwangsläufig das mangelnde Interesse des Kindes an diesen Arbeiten.

Ungeduld

Mit der eigenen Ungeduld fertig zu werden, ist Beeinträchtigung genug! Wer zudem die Ungeduld oder übermäßige Strenge von Eltern und Erzieher ertragen muss, kann sich bestimmt nicht konzentrieren!

Angst vor Misserfolg

Z. B. durch starken Druck von Seiten der Erzieher und Eltern. Misserfolg löst häufig neue Misserfolge aus durch Mangel an Vertrauen in die eigene Leistung.

Seelische Belastungen

Krach im Elternhaus, Krankheit, Arbeitslosigkeit oder Tod eines Familienmitgliedes, Ärger mit den Klassenkameraden und ähnliche Faktoren beeinträchtigen die Konzentration massiv, schlagen sich auf das Allgemeinbefinden nieder und lösen dadurch weitere Konzentrations-Störfaktoren aus.

Schlechte körperliche Verfassung

Z. B. Krankheit speziell während der Inkubationszeit, zu wenig Bewegung, zu wenig Schlaf, übermäßiges Essen, Hunger oder Durst, ungünstige Kleidung (kratzender Pullover, zu enger Hosenbund etc.).

Schlechte äußere Bedingungen

Müdigkeit; ungünstige Beleuchtung des Arbeitsplatzes; Störungen von außen wie Radio, Stimmen, ins Zimmer „platzende" Familienmitglieder; mangelhaftes Arbeitsmaterial: ein Bleistift, dessen Spitze ständig abbricht, ein Geodreieck, das durch eine Streichholzschachtel ersetzt wird etc.

Hilfen zur Konzentrations-Steigerung – Was können Lehrer und Eltern tun?

Konzentrationsfähigkeit muss, wie fast alles andere auch, erlernt und regelmäßig geübt werden. Kein Kinderspiel, aber gerade durch das Kinderspiel erfolgreich zu erlangen. Spiele fördern die Konzentration. Eltern wie Lehrer müssen sich daher die Zeit nehmen, immer wieder mit den Kindern in Ruhe zu spielen oder zu basteln. Dabei ist eine angenehme, entspannte Atmosphäre, möglichst ohne äußere Störfaktoren wünschenswert. Schon bei Babys wird mit den allerersten kleinen Spielen die Grundlage für die spätere Konzentrationsfähigkeit gelegt. Tägliche die Wahrnehmung, das Gedächtnis und die Ausdauer fördernde Spiele oder Übungen steigern die Konzentrationsfähigkeit eines Kindes und damit einhergehend das Selbstwertgefühl, die Aufgeschlossenheit und die Teamfähigkeit.

A. Generelle Hilfen

Interesse

- Interesse des Kindes am Fach bzw. an dem jeweiligen Aufgabenbereich steigern, z. B. durch Zusatzinformation, Museumsbesuch, etwas gemeinsam im Internet „nachschlagen" …
- Interesse an der Arbeit der Kinder zeigen.
- Neue Lerninhalte an „alte" anknüpfen!
- Möglichst viele Sinne einbeziehen und „Eselsbrücken" schaffen.

Differenzierung

- → Qualitativ und quantitativ differenzierende bzw. individualisierende Maßnahmen im Unterricht beugen einer Über- und Unterforderung vor.
- → Auch bei den Hausaufgaben sollte stets auf Differenzierung geachtet werden!

Schulung der Ausdauer

- → Ausdauer kann nur durch Kontinuität geschult werden.
- → Mit kurzen Arbeitsintervallen (ca. 5 Minuten) beginnen, später die Zeitabschnitte verlängern.
- → Arbeitsphasen stehen zur freien Verfügung des Kindes!
- → Konsequenz in der Einhaltung bestimmter Regeln, z.B. während des Schreibens Kopf nicht auf die Arme legen etc.
- → Vergessen Sie bei der Unterrichtsvorbereitung nie: Ein Kind bleibt nur dann von sich aus dauerhaft bei der Sache, wenn sie ihm Spaß macht.

Die Vorbildfunktion

- → Wie erledigen die Eltern ihre Arbeiten?
- → Wie sieht der Arbeitsplatz des Erziehers aus?
- → Wie kommentieren Geschwister und Freunde ihre ausstehenden Arbeiten? („Bei uns in der Klasse macht kein Mensch mehr Hausaufgaben!")

Positive Verstärkung

- → Das Lob von Eltern und Erziehern stärkt die Freude an der Arbeit genauso wie die Anerkennung der Leistung durch Großeltern, Geschwister und Freunde: „Mensch, woher weißt denn du das?"
- → Besonders erziehungsschwierige Kinder können durch liebevolle Hinwendung und Fröhlichkeit „aufgeschlossen" werden. Strenge und Strafe werden, wenn überhaupt nur kurzzeitig, Besserung verschaffen, danach aber das gleiche Fehlverhalten verstärken.

B. Spezielle Hilfen während des Arbeitens

- → Deutliche, leicht zu verstehende Arbeitsaufträge erteilen und nicht zwei oder mehr Aufträge koppeln.
- → Freie Sicht zur Tafel! Alle Materialien, die nicht gebraucht werden, kommen vom Tisch.
- → Ein gemütliches Klassenzimmer wird meistens auch mit Bildern, Plakaten, Mobiles und dergleichen geschmückt sein. Vermeiden Sie eine Überfrachtung!
- → Aufgaben in kleine, überschaubare Einzelschritte zerlegen. Die Erfolgserlebnisse beim Erreichen eines Teilschrittes unterstützen als Zusatzmotivation die Anstrengung zum Erreichen des nächsten Teilschritts.
- → Geduld, Geduld, Geduld. (Auch in der Körpersprache des Erziehers!)
- → Hat das Kind Schwierigkeiten beim Lösen eines Teilschrittes, so helfen ihm einzelne, sachliche Impulse. Ein „Vorkauen" des Lösungsweges stempelt das Kind zum Versager! Das Kind muss beim Erreichen des Aufgabenzieles das Gefühl haben, selbst dorthin gelangt zu sein.

- → Situationen umgehen, bei denen es voraussichtlich zur Überforderung und damit dann zu Frustrationserlebnissen kommt.
- → Direkt und ganz konkret loben. Lob verteilt man laut, Tadel am besten gar nicht; wenn doch, dann ganz leise!
- → Der Erwachsene sollte während der Arbeit stets entgegenkommend, freundlich, ansprechbar, aber wortkarg sein. Kurze, sachliche Information kommt an! Zu viel Information in zu viel Text gekleidet verwirrt, überfordert und ist letztendlich keine Hilfe mehr!
- → „Tricks" durchschauen und unterbinden! Solche Tricks sind z. B.: dem Erzieher eine wichtige Frage stellen, aufs Klo müssen, die Bleistiftspitze abbrechen, um ein Taschentuch bitten etc.
- → Konsequent sein!

C. Lustige Konzentrationsübungen für Schule und Zuhause

Musizieren

Singen und Musizieren fördern die Konzentration und schulen das Gedächtnis. Besonders das Kanonsingen hilft konzentrationsgestörten Kindern.

Denksportaufgaben

Rätseln, Knobeln und jede Art von Zahlen- bzw. Buchstabenbasteleien fördern die Konzentration. Wichtig: Keine Überforderung, sonst ist der Spaß schnell vorbei! Denksportaufgaben findet man in so genannte Spiel-und-Spaß-Heften, in Kinderzeitschriften und speziellen Kinderbeschäftigungsbüchern.

Einkaufen

Die Kinder sollen ohne Einkaufszettel zum Einkaufen gehen und je nach Entwicklungsstand drei bis zehn verschiedene Dinge kaufen.

Jonglieren und Zaubern

Z. B.:

- → Mit zwei gleich großen Bällen oder anderen Gegenständen jonglieren. Wenn es klappt, gleich mit drei oder vier Dingen probieren.
- → Zaubertricks aus entsprechenden Kinder-Zauberbüchern lernen, üben und vor Publikum vorführen!
- → Geschicklichkeitsspiele: z. B. einen Plastikteller mit der linken Hand loslassen und mit der rechten Hand auffangen, bevor er zu Boden fällt!

Beobachtungsaufgaben in der Natur

Je nach Interessenlage z. B. „Insekten am Bach", „Besuch im Vogelhäuschen". Wichtig dabei: Die Kinder führen Buch über ihre Beobachtungen, die Erwachsenen zeigen Interesse an den Ergebnissen, unterstützen und geben weiterführende Impulse, z. B. „Wir gründen eine Bach-Patenschaft" etc.

Spielen, spielen, spielen!

Spielende Kinder sind konzentrierte Kinder! Abwechslung im Alleinspiel und Gesellschaftsspiel. Wichtig: Einhalten der Spielzeit, kein abruptes Unterbrechen des Spiels. Besonders geeignete Spiele: Mikado, Bauklötze, Stapelspiele, Gedächtnisspiele.[1]

Handarbeiten

Jede Art von Handarbeit wie Flechten, Ausschneiden, Weben, Sticken fordert und fördert die Ausdauer und Konzentration.

Witze erzählen

Wer Witze erzählt, muss sich auf den Sachverhalt und speziell auf die Pointe konzentrieren. Witze regen auch die leseunlustigen Kinder an und belohnen sofort durch den Lacherfolg.

Puzzeln!

Puzzles gibt es in vielen verschiedenen Varianten. Beim Puzzeln wird gleichmäßige Konzentration über einen längeren Zeitraum gefördert. Die Kinder werden durch ständige kleine Erfolgserlebnisse zum Weitermachen motiviert. Wichtig: Das Puzzle muss in seiner Anforderung genau zum Entwicklungsgrad des Kindes passen. Lieber unterfordern als überfordern!

[1] Vgl. auch: Almuth Bartl, Zauberbilder – 100 Hanjies und andere Rätsel für Grundschulkinder, Offenburg, Mildenberger, 2007.

Aufmerksamkeit, mein Sohn, ist
was ich dir empfehle;
bei dem, wobei du bist, zu sein
mit ganzer Seele.

Friedrich Rückert

Schau mal!

Visuelle Wahrnehmungsspiele

Modenschau

Dieses Spiel macht Grundschulkindern immer wieder viel Spaß.
Ein Kind stellt sich vor die Klasse, verneigt sich und geht aus dem Schulzimmer. Draußen nimmt es eine kleine Veränderung an seinem Äußeren vor. Es öffnet vielleicht einen Schnürsenkel oder (besonders lustig) zieht seine Schuhe verkehrt herum an, es bindet sich ein Tüchlein um den Hals oder öffnet einen Knopf an seinem Hemd usw.
Nun kommt das Kind wieder zurück ins Klassenzimmer. Wer kann zuerst eine Veränderung feststellen? Der Sieger darf natürlich als Nächster vor die Türe.

Wer's weiß, gewinnt!

Für dieses Spiel braucht man eine Folie von einer Illustration wie z. B. der oben abgebildeten.
Der Tageslichtprojektor wird eingeschaltet. Die Schüler betrachten das Bild ca. 1 Minute lang und versuchen, sich möglichst viele Details einzuprägen. Nachdem der Tageslichtprojektor ausgeschaltet wurde, stellt der Lehrer verschiedene Fragen zum Bild, die die Schüler auf dem Block beantworten.

Malerei im Dunkeln

Das Klassenzimmer wird so gut es geht verdunkelt. Ein Spieler bekommt eine Taschenlampe. Damit „malt" er auf einer geeigneten Wand des Zimmers oder auch an der Decke ganz einfache Bilder, z. B. ein Haus, einen Apfel, einen Schuh, einzelne Buchstaben oder Zahlen. Die Mitschüler müssen aufmerksam die wandelnden Lichtspuren verfolgen: Sie sollen erraten, was da gerade dargestellt wird.

Luftwörter

Die Lehrerin schreibt mit dem Finger Wörter in die Luft, die Schüler schauen aufmerksam zu. Die Buchstaben werden einzeln, langsam und natürlich spiegelbildlich geschrieben. Anfangs sollten die Wörter nur drei oder vier Buchstaben haben, später werden die Anzahl der Buchstaben und auch das Tempo gesteigert. Besonders gute Luftwörter-Leser dürfen dann auch selbst einmal vor die Klasse kommen und Luftwörter schreiben.
Tipp: Auch kurze Arbeitsaufträge wie z. B. „Hole das Lesebuch herauf!" können auf diese Weise gegeben werden. So kann man sofort kontrollieren, wer mitgelesen hat und wer nicht.

Jagd auf den Nachbarn

Jeder Schüler hat den gleichen Text (z. B. einen Nachschriftentext) vor sich liegen. Nachdem dieser mehrmals gelesen und inhaltlich geklärt wurde, kann die Jagd auf den Wort-Nachbarn beginnen.
Der Spielleiter liest ein beliebiges Wort aus dem Text vor. Alle Schüler suchen nun so schnell wie möglich das genannte Wort. Wer zuerst den rechten (linken) Wort-Nachbarn laut rufen kann, darf sich oder seiner Gruppe einen Punkt notieren.
Sofort geht das Spiel weiter. Nach etwa 30 auf diese Weise gejagten Wörtern wird der beste Wörterjäger festgestellt und dadurch belohnt, dass er nun die Rolle des Spielleiters übernehmen darf.

Doppelgänger gesucht

Die Schüler erhalten ein Arbeitsblatt mit vielen, wahllos zusammen gestellten Wörtern. Sie sollen in einer vorgegebenen Zeit (ca. 5 Minuten) alle doppelt vorkommenden Wörter heraussuchen und durchstreichen.

- Variationen:

→ Die Wörter in verschiedenen Schriftarten vorgeben.

→ Zu jedem Wort das passende Bild vorgeben. Ein Wort fehlt. Das soll von den Schülern ergänzt werden.

Lippenlesen

Ein Schüler steht vor der Klasse. Er darf nun ganz deutlich, jedoch unhörbar einen kurzen Satz sprechen. Die Mitschüler passen sehr genau auf und versuchen, die Botschaft von den Lippen abzulesen. Wer den Satz fehlerlos – diesmal natürlich laut – nachsprechen kann, wird der nächste „Lippen-Sprecher".
Tipp: Es ist einfacher, kleine Sätze zu verstehen, als einzelne Wörter! Ist jedoch die Anzahl der möglichen Wörter eingegrenzt, z. B. alle Wörter aus dem Nachschriftentext, so können auch diese relativ leicht abgelesen werden.

● Oder wir spielen „Stille Post": Ein Spieler geht aus dem Zimmer, während alle anderen ein ziemlich langes Geheimwort aussuchen, z. B. „Pfingstferien". Wenn der Rater wieder zurückgekommen ist, sprechen ihm alle Kinder das Wort vor, jedoch ohne dabei einen Laut von sich zu geben. Der Rater schaut also genau auf die Lippenbewegungen der Mitspieler und soll dann das Lösungswort nennen.

Ein Schüler denkt an eine Geschichte, von der er annimmt, dass sie den Mitspielern bekannt ist. Vielleicht wählt er die Geschichte vom Dornröschen, erzählt von Robinson, von Ikarus oder von der Arche Noah. Er „erzählt" die Handlung mit Hand und Fuß, ohne aber dabei ein Wort zu sprechen. Die Mitschüler müssen sehr genau aufpassen, um zu erraten, um welche Geschichte es sich hierbei handelt. Wer sie errät, darf die nächste Geschichte „erzählen".

Versteckt

Für dieses Spiel braucht man drei gleiche undurchsichtige Becher und einen kleinen Gegenstand, der problemlos unter einen Becher passt, z. B. einen Radiergummi.
Vor den Augen der Schüler stülpt der Spielleiter einen Becher über den Radiergummi und verschiebt ihn ziemlich schnell mit den anderen beiden umgestülpten Bechern. Nach einigem Hin- und Herschieben müssen sich die Schüler entscheiden, unter welchem Becher der Radiergummi liegt. Hat jeder Schüler seinen Tipp abgegeben, werden die Becher nacheinander hochgehoben. Wer richtig getippt hat, erhält einen Punkt. Schon geht die zweite Runde los.
Statt mit Bechern kann man auch mit den Schubladen von drei Streichholzschachteln und einem Knopf spielen.

Der Nachschriften-Geheimtext

Die Schüler übersetzen einen Nachschriftentext in Geheimsprache. Dazu schreiben sie für einen Mitlaut ein M, für einen Selbstlaut ein S und für einen Umlaut ein U.
Alles fertig? Dann kann's losgehen: „Auf dem Oktoberfest …" heißt dann in Geheimsprache „SSM MSM SMMSMSMMSMM …"

Das MSU-Spiel

Das MSU-Spiel ist die spannende Fortsetzung des vorangegangenen Spiels. Ein Schüler sucht ein beliebiges Wort aus dem Nachschriften-Text und schreibt die „MSU-Übersetzung“ an die Tafel. Beispiel: Der Schüler wählt das Wort „Oktoberfest“ aus und schreibt „SMMSMSMMSMM“ an die Tafel. Wer das richtige Wort, in unserem Fall also „Oktoberfest“, zuerst nennt, darf das nächste Wort verschlüsseln.

● Oder wir spielen so: Die Lehrerin gibt eine bestimmte „MSU“-Kombination vor und die Schüler haben 5 Minuten Zeit, so viele passende Wörter wie möglich auf ihren Blöcken zu notieren, die diesem Buchstabenmuster entsprechen. Beispiel: Vorgegeben ist „MSMM“. Mögliche Lösungswörter wären „Bank“, „Senf“, „Kurt“, „Wald“, „Fass“, „Turm“ usw.

Wisch und weg!

Die Lehrerin zeichnet eine beliebige Figur an der Tafel, z. B. ein Schwein. Natürlich verrät sie das nicht. So malt sie zunächst eine Linie, wischt diese aber sofort wieder weg. Dann kommt die nächste Linie – und auch die ist schon wieder weg! Auf diese Weise entsteht allmählich ein Bild, das aber nur die Schüler erkennen können, die sich wirklich auf das Zeichnen der Lehrerin konzentriert haben.
Der Schüler, der zuerst sagen kann, was die Lehrerin an die Tafel „malt", erhält für seine Gruppe einen Pluspunkt. Nach etwa zehn Spielen steht fest, welche Gruppe Wisch-und-weg-Sieger ist.

Ordnung in der Knopfschachtel

Jeder Schüler soll von zu Hause 20 verschiedene Knöpfe mitbringen. Die Knöpfe werden entweder in einem Schächtelchen oder einem Briefumschlag aufgehoben.

Spiele mit den Knöpfen:

- → Jedes Kind sortiert seine Knöpfe vom kleinsten bis zum größten oder umgekehrt vom größten bis zum kleinsten Knopf. Wer schafft das sogar mit geschlossenen Augen? Dazu wird die Anzahl der Knöpfe pro Kind erst auf fünf, dann auf zehn reduziert. Die Schüler packen die Knöpfe wieder ein, die Mini-Knopfschachteln werden nun so verteilt, dass jeder Schüler fremde Knöpfe zum Spielen bekommt.
- → Wir legen Muster: Ein großer Knopf, ein kleiner Knopf, ein großer Knopf.
- → Wir sortieren die Knöpfe in zwei Gruppen: Knöpfe mit vier Löchern, Knöpfe mit zwei Löchern.
- → Partnerspiel: Wir mischen die Knöpfe aus zwei Schachteln und nun sucht jedes Kind seine Knöpfe heraus.
- → Partnerspiel: Beide Schüler legen gemeinsam ein Bild mit ihren Knöpfen, z. B. ein Herz, einen Schmetterling, ein Haus, …
- → Partnerspiel: Wir sortieren unsere gemeinsamen Knöpfe nach Farben, nach Größe, nach Anzahl der Löcher …

*Gewöhne dich daran, bei dem,
was ein anderer sagt,
mit Aufmerksamkeit zu weilen,
und versetze dich womöglich
in die Seele des Sprechenden.*

Mark Aurel

Hör mal!

Spiele zur akustischen Wahrnehmung

Bewusst hören

In einer Zeit, in der die meisten Kinder von morgens bis abends einer Vielzahl von meist technischen Geräuschen ausgesetzt sind, haben es viele verlernt, bewusst zu hören. Es scheint, als hätten sie sich an den Lärm gewöhnt und empfinden ihn nicht mehr als lästig oder störend. Zeiten der Stille und Ruhe werden von vielen Kindern fast schon vermieden, weil sie Angst machen.

Auch spüren sich viele nur noch, wenn sie laut sind, schreien oder sonst Lärm verursachen. Dann fühlen sie sich wahrgenommen. Was dabei jedoch auf der Strecke bleibt, sind die eigenen, inneren „Töne". Gefühle wie Traurigkeit, Glücklichsein oder Freude dringen nicht mehr durch. Sie werden überschrien und zum Verstummen gebracht, genauso wie die Fähigkeit, andere wahrzunehmen und ihnen Gehör zu schenken.

Eltern, Erzieherinnen, Lehrerinnen beklagen sich seit langem: „Die Kinder hören einfach nicht zu!" Aber wer nicht zuhört, hat ganz schnell keine Freunde mehr und bleibt allein. Und wer nicht zuhört, nimmt nichts auf, kann infolgedessen nichts dazulernen und weiß nichts über seine Umwelt. Das macht Angst und führt häufig zu aggressiven Abwehrreaktionen.

Die nachfolgenden Spielvorschläge sollen das Kind anregen, ganz bewusst zu lauschen, Geräusche zu identifizieren, also seine Umgebung auf akustische Reize hin zu erforschen, Klangquellen zu untersuchen, Geräusche selbst zu erzeugen und auch zu erleben, wie wohltuend Stille sein kann.

Der lange Satz

Der Spielleiter sagt einen kurzen Satz einmal(!) vor, z. B. „Rudi schläft." Wer kann diesen Satz nachsprechen? Na, das können sicherlich alle. Jetzt wird die Sache aber langsam schwieriger, weil der Spielleiter immer wieder einen neuen Satzteil dazufügt: „Rudi schläft im Hundekörbchen." Wahrscheinlich können immer noch alle Kinder den Satz behalten. Aber wie ist das jetzt? „Der kleine, rothaarige Rudi schläft im Hundekörbchen." Wer kann diesen letzten Satz noch nachsprechen? „Der kleine, rothaarige Rudi schläft seit einer halben Stunde tief und fest in Bellos weich gepolstertem Hundekörbchen."

Vorwärts – rückwärts

Die Kinder stehen im Kreis. Ein Kind beginnt und sagt „A". Das Nachbarkind sagt „B", das nächste Kind „C" usw. Plötzlich klatscht der Lehrer in die Hände. Das bedeutet: Das Aufsagen geht zwar in der richtigen Kinderreihenfolge weiter, jetzt jedoch rückwärts. Beim nächsten Mal Klatschen werden die Buchstaben wieder vorwärts aufgesagt.

Sobald die Kinder das Prinzip verstanden haben, wird die Geschwindigkeit erhöht. Wie schnell können wir die Buchstaben vorwärts und rückwärts aufsagen?

Natürlich kann das Spiel auch mit Zahlen durchgeführt werden. Je nachdem, welcher Zahlenraum erarbeitet ist, zählen die Kinder; 1, 2, 3, … oder 10, 20, 30, … oder 20, 21, 22, …

Das Geräuschequiz

Auf dem Tisch befinden sich etwa zehn verschiedene Gegenstände. Es werden absichtlich solche Dinge ausgesucht, die deutlich verschiedene Geräusche verursachen, wenn man sie mit einem Metalllöffel anschlägt, z. B. ein Glas, ein Teller, ein Stück Holz, ein Buch, ein Topf, ein Plastikspielzeug etc. Zuerst dürfen die Kinder selbst beliebige Geräusche erzeugen, indem sie sanft mit dem Löffel oder mit den Fingerknöcheln an die Gegenstände klopfen. Dann drehen sich alle um, schließen die Augen und lauschen. Die Lehrerin schlägt nun einen beliebigen Gegenstand mit dem Löffel an oder klopft dagegen, und die Kinder raten, welches Ding den Ton verursacht hat.

Lottozahlen

Der Lehrer spricht langsam einen Satz vor. Die Schüler schließen die Augen und „sprechen" den Satz „innerlich" noch einmal nach. Nun notieren sie auf dem Block für jedes Wort ein Kreuz. Dann zählen sie die Kreuze und schreiben die Anzahl auf.

Der Lehrer sagt z. B.: „Morgen kommt der Nikolaus." Die Schüler notieren „x x x x" und zählen und schreiben die Anzahl der Kreuze auf: „4". Auf diese Weise ist die erste „Lottozahl", nämlich die 4, ermittelt.

Fünf weitere Sätze folgen, sodass der Schüler am Schluss – fast wie beim echten Lottospiel – sechs verschiedene Zahlen vor sich hat, z. B. „4 8 3 6 5 2". Nun wird gemeinsam kontrolliert. Wer hat drei, vier, fünf oder gar sechs Richtige? Der Lottokönig bzw. die Lottokönigin bekommt einen kleinen Preis!

● Variation: Jetzt zählen wir statt der Wörter die Silben, aus denen unser Satz besteht. Also: „Mor-gen kommt der Ni-ko-laus." Die Schüler zählen und notieren die Anzahl der Silben, in unserem Fall „7".

Lieder klatschen

Ein Schüler überlegt sich ein Lied, von dem er annehmen kann, dass es alle Mitspieler kennen. Den Takt dieses Liedes klatscht er vor. Wer von den Mitspielern meint, das Lied zu erkennen, verrät nichts, klatscht aber gleich mit. Für alle Kinder, die das Lied nicht erkannt haben, singen wir es am Schluss gemeinsam vor und klatschen den Takt dabei.

Der Ohrentest

Für dieses Spiel braucht man eine Büchse mit Deckel (z. B. eine Kaffeebüchse), Papier und Bleistift, einen kleinen, allgemein bekannten Gegenstand (z. B. einen Schraubverschluss, einen Würfel, eine Nuss etc.) ... und natürlich eine Stoppuhr.

Die Lehrerin steckt heimlich einen Gegenstand in die Dose und stellt sich vor die Klasse. Während sie jetzt die Dose schüttelt und mit dem Ding darin klappert, stoppt ein Schüler die Zeit, wie lange die Testpersonen brauchen, bis eine von ihnen errät, was in der Dose steckt.

Wer will, kann Kleingruppen gegeneinander spielen lassen. Dabei gilt: Wer zuerst den richtigen Gegenstand nennt, erhält einen Punkt für seine Gruppe. Die Gruppe, die zuerst drei Punkte hat, gewinnt.

Tipp: Um zu vermeiden, dass die Schüler wahllos irgendwelche Begriffe rufen, gibt man vor dem Spiel bekannt, dass abwechselnd jede Gruppe einmal an der Reihe ist, einen Begriff zu nennen. Ist er falsch, kommt die nächste Gruppe dran usw.

Ein Spieler denkt sich ein Tier aus, z. B. „Biene", und beginnt, aus dessen Leben zu erzählen, z. B.: „Ich lebe mit meiner riesigen Familie zusammen. Ich kann fliegen. Die Menschen haben großen Nutzen von mir, aber manchmal auch Angst. Am liebsten auf der Welt habe ich Blumen …"
Es gewinnt der Mitschüler, der das Tier als Erster errät. Wer aber ein falsches Tier nennt, scheidet aus.
Der Erzähler muss nach jeder Aussage, die er zu dem Tier macht, eine kleine Pause einlegen, damit die Schüler die Angabe auch wirklich registrieren und mit den bisher genannten Kennzeichnungen verbinden können.

Zungenbrecher

Auch bei Zungenbrechern wird in erster Linie Konzentration verlangt. Hier ein paar Exemplare zur täglichen Übung:

- Zwischen den Zweigen des Zwetschgenbaumes zwitschern zwei Zwitscherschwalben ein lustiges Gezwitscher und Gezwatscher.
- Brautkleid bleibt Brautkleid und Blaukraut bleibt Blaukraut.
- Die Bürsten mit den schwarzen Borsten bürsten besser als die Bürsten mit den weißen Borsten bürsten.
- Meine Mutter muss mir morgen Milchmus machen.

Wer beim Aufsagen der Zungenbrecher schon zur Perfektion gelangt ist, der soll die Sätze in Fragesätze oder Befehlsätze umformen. Dann heißt es vielleicht:

- Muss mir meine Mutter morgen Milchmus machen?
- Mutter, mach mir morgen Milchmus!

Räuspern

Einem Spieler jeder Schülergruppe werden die Augen verbunden. Dann darf sich jedes Mitglied seiner Gruppe – bis auf eines – einmal laut räuspern. Der „Blinde" lauscht konzentriert und soll schließlich angeben, welches Gruppenmitglied sich nicht geräuspert hat.

● Variation: Statt des Räusperns kann man auch vorgeben, dass jeder Mitspieler mit scheußlich verstellter Stimme ein Wort, z.B. „Pumpernickel", sagt. Das Ratekind soll wieder angeben, welcher Mitspieler nichts gesagt hat.

Lockruf

Diese Spiel führt man am besten in der Turnhalle oder auf dem Sportplatz durch. Es ist besonders gut für die ganze Klasse geeignet, denn je mehr Kinder mitspielen, umso lustiger wird es.
Zuerst bilden die Mitspieler Partnergruppen. Jedes Paar überlegt sich einen bestimmten Lockruf – so schauerliche Geräusche wie Sirenengeheul, Autogebrumm oder gespenstische „Hu-hu"-Rufe sind genau richtig.
Nun müssen sich die Paare trennen. Einem der beiden Partner werden die Augen verbunden. Alle „sehenden" Kinder stellen sich hinter der einige Meter entfernten Ziellinie auf. Auf ein Startzeichen des Spielleiters hin lassen sie ihren Lockruf erschallen und versuchen auf diese Weise den „blinden" Partner zu sich hinzulenken. Das ist gar nicht so einfach, wenn alle „Lockvögel" gleichzeitig in verschiedenen „Sprachen" rufen.
Das Paar, das sich zuerst gefunden hat, gewinnt das Spiel. Es gibt selbstverständlich auch zweite und dritte Sieger.

Die Lausch-Minute

Alle Kinder sitzen ganz still und schließen ihre Augen. Sie sollen nun 1 Minute lang ganz konzentriert auf Geräusche lauschen, die sie wahrnehmen können: Vogelgezwitscher, ein startendes Auto, eine vorbeifahrende Straßenbahn, irgendwo pfeift jemand, eine Tür wird zugeschlagen … Nach der Lausch-Minute berichten die Kinder von ihren Wahrnehmungen.

Namensblitze

Alle Schüler bis auf einen stehen im Kreis. Der übrige Spieler stellt sich in die Kreismitte.
Nun beginnt ein Kind das Spiel, indem es den Namen eines beliebigen Mitspielers nennt, z. B. „Britta". Britta nennt sofort den Namen eines weiteren Spielers, z. B. „Philip" usw. Der Spieler aber, der in der Kreismitte steht, versucht, das jeweils aufgerufene Kind zu berühren, bevor es seinerseits einen weiteren Namen genannt hat. Gelingt dem Spieler das, tauscht er mit dem Kind, das gerade an der Reihe war, Rolle und Platz.

Jäger und Hase

Zwei Schülern werden die Augen verbunden. Einer wird der Jäger, der andere der Hase. Dem Jäger bindet die Lehrerin mit einer Schnur ein Glöckchen um den Bauch, oder sie befestigt es an seinem Hosenbund. Der Hase bekommt auf die gleiche Weise einen dicken Schlüsselbund angehängt. Beide Dinge, das Glöckchen und der Schlüsselbund, dürfen von ihren Besitzern nicht mit der Hand angefasst werden, denn die „Anhängsel" sollen während des Fangen-Spiels ständig Geräusche von sich geben.
Nun geht's los: Hase und Jäger werden in entgegengesetzte Ecken der Turnhalle (oder des Klassenzimmers oder des Sportplatzes) geführt. Der Spielleiter gibt das Startzeichen: „Achtung, fertig, los!" Sofort versucht der Jäger den Hasen zu fangen und orientiert sich dabei am Geräusch, das der Schlüsselbund abgibt. Der Hase aber lauscht ebenfalls und geht dem Klingeln des Jäger-Glöckchens tunlichst aus dem Weg! Ein spannendes und lustiges Spiel auch für die Zuschauer!

Anlaut – Mitte – Auslaut

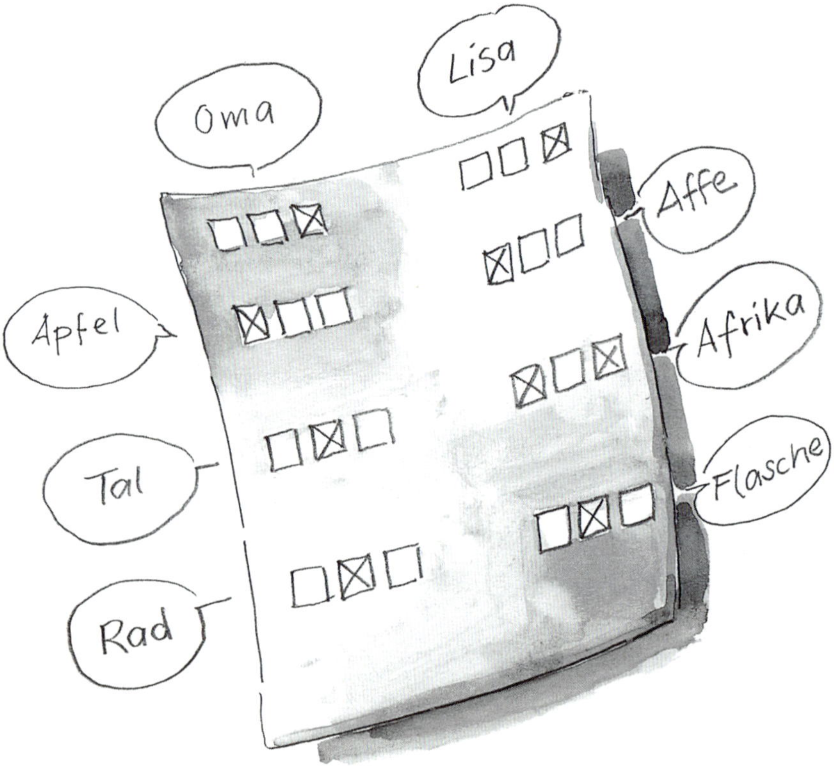

Der Lehrer verteilt an die Schüler Blätter mit jeweils 20 vorgezeichneten Kästchenblöcken. In der Aufwärmphase zu Beginn der Unterrichtsstunde werden etwa acht Wörter nach einem bestimmten vorgegebenen Laut untersucht.

Wir suchen z. B. „A/a“: Der Lehrer nennt das erste Wort, z. B. „Oma“. Nun schließen die Schüler die Augen, lassen das vorgegebene Wort ggf. „auf der inneren Leinwand“ erscheinen und entscheiden dann, an welcher Stelle im Wort der Buchstabe „A/a“ steht. In unserem Fall ist „A/a“ der Auslaut. Die Kinder müssten also ein Kreuz in das letzte (Auslaut-)Kästchen machen (siehe oben).

Nach den acht vorgegebenen Wörtern „Oma“, „Apfel“, „Tal“, „Rad“, „Lisa“, „Affe“, „Afrika“(!) und „Flasche“ müssten die Kinder ihre acht Kästchenblöckchen so ausgefüllt haben, wie es oben zu sehen ist.

Wichtig: Um die Schüler nicht zu verwirren, wird in jeder Übungsphase jeweils nur nach einem bestimmten Laut gesucht.

Stimmen erkennen

Ein Schüler kommt vor die Klasse, dreht sich mit dem Rücken zu den Mitschülern und schließt die Augen. Der Lehrer gibt nacheinander fünf Schülern ein Zeichen, die jeweils ein einziges Wort sagen. Danach darf sich der Schüler wieder umdrehen und soll nun angeben, welche fünf Kinder gesprochen haben.

● So wird's schwieriger: Der Lehrer kann auch einen Schüler mehrmals ein Wort sprechen lassen, doch darf er seine Stimme beim Sprechen nicht verstellen.

Der „Peng“-Gesang

Die Schüler singen einfache, allen bekannte Kinderlieder. Zuvor wird vereinbart, dass alle „der“, „die“ und „das“ durch „peng“ ersetzt werden. Dann wird gesungen und alle Kinder hören sofort, wenn hier jemand nicht genau mitgedacht hat. Wer beim dritten Fehler erwischt wird, scheidet aus!
Also, es geht los: „Fuchs, du hast peng Gans gestohlen …“ Oder: „Hänschen klein, ging allein, in peng weite Welt hinein …“ Oder: „A, B, C, peng Katze lief im Schnee …“
In der zweiten „Peng“-Gesangsrunde werden alle Hauptwörter ausgetauscht. Dabei werden einsilbige Hauptwörter durch „Peng“, zweisilbige durch „Pengpeng“ ersetzt usw. Also: „Peng, du hast die Peng gestohlen …“ Oder: „Pengpeng klein, ging allein, in die weite Peng hinein …“ Oder: „A, B, C, die Pengpeng lief im Peng …“

Schokoladenpudding

Dieses Spiel ist in erster Linie für Schülergruppen gedacht. Zuerst wird ein Kind außer Hörweite geschickt. Die übrigen überlegen sich ein möglichst langes Wort. Dieses wird in seine Silben zerlegt, z. B. „Scho-ko-la-den-pud-ding". Jedes Kind (oder jede Partnergruppe) übernimmt eine Silbe.
Nun wird das erste Kind wieder herbeigeholt und auf ein Startzeichen hin fangen alle Mitspieler gleichzeitig an, „ihre" Silbe zu rufen. Das Kind hat etwa 20 Sekunden Zeit (vorher festlegen!), um das Rätselwort zu erkennen und laut zu nennen.

Dunkler Raum

Dieses Spiel ist für kleinere Kinder ebenso spannend wie für erwachsene Mitspieler.
Der Raum wird so gut es geht verdunkelt. Einem Schüler werden zusätzlich noch die Augen verbunden. Dieser Spieler sollte sich möglichst nicht bewegen. Auch die übrigen Mitschüler verhalten sich ganz still.
Der Spielleiter gibt nun einem Mitspieler ein Zeichen. Dieser geht mit ganz normaler Lautstärke durchs Zimmer um den „blinden" Spieler herum und führt einfache Tätigkeiten aus: Er darf sich die Schuhe ausziehen oder sich die Hände waschen, sich auf einen Stuhl setzen und wieder aufstehen, sich die Haare kämmen oder Kniebeugen machen – ganz egal, was er tut, es darf nur nicht gesprochen werden. Der „blinde" Spieler versucht, ohne den anderen zu berühren, herauszubekommen, wer das ist.

Störfaktoren

Dass die Menschen unterschiedlich auf Störfaktoren reagieren, wissen wir bereits. Aber wovon lasse ich persönlich mich am meisten ablenken? Wir starten ein Experiment.

Der Lehrer gibt jedem Schüler die Kopie eines dreistrophigen Gedichts. Während alle Schüler die erste Strophe auswendig lernen, spielt laute Radiomusik. Nach etwa 5 Minuten wird kontrolliert, wer die erste Gedichtstrophe auswendig kann. Während die Kinder die zweite Strophe lernen, erzählt der Lehrer einen Witz nach dem anderen. Bei der dritten Strophe probiert ein Kind aus, welche Töne eine Flöte hervorbringen kann, oder es macht irgendwelche anderen unharmonischen Geräusche bzw. geht im Klassenzimmer umher und redet über die Mitschüler.

Nach dem Experiment wird ausgewertet: Wer kann jetzt alle drei (zwei, eine) Strophe auswendig? Welche Störung hat mich am meisten durcheinandergebracht? Welche Störung hat mich am wenigsten beeinflusst? Welche Schlüsse kann ich aus dem Experiment ziehen?

Beispiel: Jenny konnte sich am schwersten konzentrieren, als Rudi durch das Zimmer spazierte und über die Mitschüler geredet hat. Petra berichtet von ihrem kleinen Bruder, der sie stets bei den Hausaufgaben stört. Gemeinsam überlegen wir eine Abhilfe, z.B. Schild vor der Tür usw.

Stereo

Zwei gute Leser kommen vor die Klasse. Jeder erhält vom Lehrer eine andere Geschichte. Beide beginnen sofort, ihre Geschichte laut vorzulesen. Die Mitschüler müssen sich also gleichzeitig auf zwei Geschichten konzentrieren. Nach dem Vorlesen stellt der Lehrer etwa zehn verschiedene Fragen zu beiden Geschichten, z.B. „An welchem Wochentag fuhr Familie Kramer in die Stadt?" oder „Wie viele Krähen saßen auf dem Baum?" usw.
Die Schüler notieren ihre Antworten auf den Block. Gemeinsam werden alle Antworten kontrolliert. Wer konnte die meisten Fragen richtig beantworten?
● Variation: Beide Schüler lesen den gleichen Text vor. Der eine Schüler beginnt vom Anfang, der andere etwa von der Mitte aus vorzulesen und fängt wieder von vorne an, nachdem er die Geschichte zu Ende gelesen hat. Auf das Zeichen des Lehrers hören beide Schüler gleichzeitig auf.

Tante Bertas Eier-Geschichte

Alle Kinder sitzen im Kreis um einen Tisch. Auf dem Tisch liegen Radiergummis, und zwar genau einer weniger als Kinder mitspielen.
Nun beginnt ein Kind, eine beliebige Phantasiegeschichte zu erzählen. Irgendwann aber wird in dieser Geschichte das Wort „Ei" fallen. In diesem Augenblick muss jeder Mitspieler, und der Erzähler natürlich auch, nach einem Radiergummi greifen.
Ein Kind wird keinen mehr erwischen und muss daher die Geschichte weiterspinnen. Die Radiergummis werden wieder in die Tischmitte zurückgelegt und alle Kinder hören gespannt zu, bis die Geschichte plötzlich wieder mit dem Wort „Ei" unterbrochen wird.

Kinderlieder-Quiz

Eine CD mit beliebten und bekannten Kinderliedern spielt die Hauptrolle bei diesem Quiz.
Die Lehrerin legt die CD in den Spieler und drückt auf die Taste „Schneller Vorlauf". Dann lässt sie für ein paar Sekunden eine beliebige Stelle auf der CD ertönen. Alle Schüler raten, welches Lied das ist. Für jedes richtig erratene Lied – das gleiche Lied kann ruhig mehrmals angespielt werden –, gibt es einen Trefferpunkt für die Gruppe, zu der der Rater gehört.
Wer am Ende die meisten Punkte hat, wird Quizsieger.

Courage ist gut,
aber Ausdauer ist besser.

Theodor Fontane

Beweg dich mal!

Konzentration und Bewegung

Welle im Kreis

Alle Schüler sitzen im Kreis. Auf ein Zeichen des Spielleiters steht ein Schüler auf. Sobald er steht, folgt sein linker Nachbar, dann dessen linker Nachbar und so fort, bis die Wellenbewegung wieder beim ersten Spieler angelangt ist. Der setzt sich sofort wieder hin und löst damit natürlich die Hinsetz-Welle aus.

Dieses Spiel sollte mehrmals und immer schneller gespielt werden. Die Wellenbewegung kann zusätzlich noch akustisch unterstützt werden, indem jedes Kind, wenn es an der Reihe ist, in die Hände klatscht oder ein anderes vorher vereinbartes Geräusch macht.

Alles hört auf mein Kommando!

Dieses Spiel macht Spaß und fordert viel Konzentration.
Alle Kinder sitzen im Halbkreis auf dem Boden. Die Lehrerin stellt sich so vor den Halbkreis, dass alle Kinder sie gut sehen können.
Nun gibt sie nacheinander verschiedene Kommandos, die von den Mitschülern sofort befolgt werden müssen: „Kommando winken!" Alle Schüler winken. „Kommando aufstehen!" Alle Schüler stehen auf.
Die Lehrerin muss das jeweilige Kommando auch selbst befolgen. Gibt sie aber eine Anweisung, ohne das Wort „Kommando" vorwegzusagen, darf niemand ihrem Tun folgen. Hat ein Spieler nicht aufgepasst und ist rein automatisch der neuen Bewegung der Lehrerin gefolgt, so scheidet er aus.
Je schneller die Kommandos aufeinanderfolgen, umso schwieriger wird das Spiel. Wer als Letzter übrig bleibt, darf zur Belohnung beim nächsten Mal die Kommandos geben.

Der Kartenturm

Spielkarten und Bierdeckel eignen sich vorzüglich zum Türme bauen. Wer baut den höchsten? Wer baut einen dreistöckigen (vierstöckigen, …) Turm am schnellsten auf?

Der Kartentunnel

Immer zwei Spielkarten werden zeltartig so aneinandergelegt, dass sie sich gegenseitig im Gleichgewicht halten. Mehrere solche Kartenzelte hintereinander bilden einen Tunnel. Die Kinder schnipsen abwechselnd mit Zeigefinger und Daumen Knöpfe oder Münzen durch den Kartentunnel – natürlich so, dass er dabei nicht einstürzt.

Das Spiel für Schnellrechner

Ein Schüler steht in der Mitte, alle anderen sitzen im Kreis um ihn herum. Jeder der sitzenden Mitspieler erhält eine Zahlenkarte mit einer anderen Zahl. Nun ruft die Lehrerin eine beliebige Rechenaufgabe, die aus den vorhandenen Zahlen besteht, z. B. „7+8". Die beiden Schüler, die im Besitz der genannten Karten sind, müssen nun so schnell wie möglich die Plätze tauschen. Der Spieler in der Kreismitte aber versucht geschwind die Rechnung zu lösen. Schafft er das und nennt das richtige Ergebnis, bevor die beiden Kinder ihre Plätze gewechselt haben, so darf er sich einen der Plätze aussuchen und sich draufsetzen.
Das Kind, das nun keinen Platz mehr hat, stellt sich für die nächste Rechenaufgabe in die Kreismitte.

Die Zappelklasse

Ein Schüler beginnt, indem er eine beliebige Bewegung vorgibt, z. B. schüttelt er heftig seinen Kopf. Der zweite Spieler wiederholt die erste Bewegung und fügt eine neue hinzu, z. B. trampelt er mit den Füßen auf dem Boden. Spieler Nummer drei schüttelt seinen Kopf, trampelt und lässt seine Ellbogen kreisen. So wird weitergespielt, bis schließlich ein Schüler eine Bewegung vergisst oder die Reihenfolge der Bewegungen durcheinanderbringt. Ein sehr lustiges Spiel, das allen Mitgliedern der Zappelklasse viel Spaß macht.

Tipp: Damit es nicht allzu lang dauert, bis jedes Kind wieder an die Reihe kommt, kann man die Klasse in ca. vier Gruppen teilen. Jede Gruppe spielt dann separat für sich.

Der begrüßte Ball

Die Schüler bilden auf dem Sportplatz oder in der Turnhalle einen Kreis. Ein Kind steht in der Mitte und wirft nacheinander beliebigen Mitschülern den Ball zu. Bevor man ihn jedoch auffängt, muss man ganz schnell in die Hände klatschen (oder sich verneigen oder einen Knicks machen). Der Fänger wirft den Ball gleich wieder zur Kreismitte zurück. Vergisst er aber, den Ball auf die verabredete Weise zu „begrüßen", muss er künftig kniend und beim zweiten Fehler sitzend weiterspielen. Die drei letzten Kinder, die sich immer noch stehend am Spiel beteiligen können, sind die Sieger.

Wächter der leeren Schachtel

Für dieses Spiel braucht man möglichst viel Platz, darum spielt man es am besten in der Turnhalle oder draußen auf dem Sportplatz. Die Kinder bilden einen möglichst großen Kreis und setzen sich auf den Boden. Ein Schüler wird zum „Wächter der leeren Schachtel" ernannt. Er setzt sich in die Kreismitte, bekommt die Augen verbunden und hält eine leere Schachtel in der Hand.

Der Spielleiter gibt ganz leise einem anderen Kind ein Papiertaschentuch (oder ein Wattekügelchen oder einen beliebigen anderen, leichten Gegenstand) in die Hand. Das Kind muss nun in die Kreismitte schleichen und versuchen, vom Wächter unbemerkt das Taschentuch in die Schachtel zu legen. Alle übrigen Mitspieler sind ganz, ganz leise, damit der Wächter jedes verdächtige Geräusch wahrnehmen kann.

Hat er das Gefühl, dass sich von irgendeiner bestimmten Seite jemand nähert, so zeigt er mit dem Finger in diese Richtung und sagt „Stopp!". Hat er richtig gehört, muss der Anschleicher zurück auf seinen Platz und das Taschentuch einem beliebigen anderen Mitspieler übergeben, der nun seinerseits versucht, die Aufgabe zu erfüllen.

Gelingt es aber einem Kind, das Taschentuch in die Schachtel zu legen, ohne vom Wächter gehört zu werden, tauschen diese beiden Kinder ihre Plätze; der Anschleicher wird also in der nächsten Spielrunde zum „Wächter der leeren Schachtel".

Das rollende Hölzchen

Für dieses Spiel braucht man drei gleich lange Buntstifte. Der erste Schüler nimmt in jede Hand einen Stift, und zwar fasst er sie an einem Ende an und hält sie parallel (siehe Abbildung). Auf diese beiden Stäbe wird quer der dritte Stift gelegt.
Der Schüler soll den Querstift so weit wie möglich nach vorne und wieder zurück rollen. Wie oft schafft er es, ohne dass der Stift zu Boden fällt? Ältere Schüler versuchen in einer vorgegebenen Zeit (etwa 3 Minuten) den Querstift so oft wie möglich vor- und zurückrollen zu lassen.
Statt der Stifte kann man natürlich auch lange Stricknadeln benutzen. Nur muss hierbei besonders darauf geachtet werden, dass sich kein Kind verletzt. Übrigens kann dieses Spiel auch in Miniaturform mit Zahnstochern durchgeführt werden!

Schneller als der Ball

Ein Schüler bekommt einen Ball und die übrigen Mitspieler bewegen sich frei im Klassenzimmer.
Nun ruft der „Ball-Schüler" ein Wort und eine Zahl, z.B. „Zeitung, vier". Leise für sich zählt er bis drei und wirft dann einem beliebigen Mitschüler den Ball zu. Der muss den Ball fangen und sofort angeben, welcher Buchstabe im Wort „Zeitung" der vierte ist. In unserem Fall ruft er laut und deutlich „t" und darf sofort das nächste Buchstabenrätsel ausrufen. Weiß der Schüler aber den Buchstaben nicht, sagt er einen falschen oder fängt er gar den Ball nicht, so scheidet er aus und der vorherige Ballspieler ist noch einmal an der Reihe.

Satz-Ball

Alle Schüler gehen bei diesem Spiel ständig im Klassenzimmer umher. Niemand darf stehen bleiben!
Ein Kind bekommt nun einen Ball und sagt laut und für alle gut verständlich ein Wort, z. B. „Heute". Sofort wirft das Kind den Ball einem Mitschüler zu. Der fügt ein zweites Wort an und sagt dann beispielsweise „Heute habe". Wieder wird der Ball sofort weitergeworfen.
So geht es weiter, bis ein – zumindest grammatikalisch – sinnvoller Satz entsteht. Vielleicht: „Heute habe ich sieben Hamster in der Badewanne gewaschen." Wer das letzte Wort, in unserem Fall „gewaschen", angefügt hat, scheidet aus und setzt sich auf seinen Platz, darf aber noch die zweite Spielrunde mit der Vorgabe des Startwortes ins Laufen bringen.
Auch hier gilt: Je schneller gespielt wird, umso spannender wird die Sache.
Tipp: Im Schulhof oder der Sporthalle kann man das Spiel im Laufen statt im Gehen durchführen.

Gute Nachbarn

Die Schüler bilden einen Kreis. Jedem Kind wird ein „Post-it"-Zettelchen mit einem anderen Buchstaben auf den Pulli geheftet.
Ein Spieler hält einen Ball in den Händen, nennt einen Buchstaben, z. B. „D", und rollt den Ball durchs Klassenzimmer. Das Kind, das diesen Buchstaben auf seinem Zettelchen hat, bleibt brav an seinem Platz, aber die beiden Nachbarn mit dem Vorgänger- und Nachfolgerbuchstaben, in unserem Fall also „C" und „E", reagieren sofort. Wer von ihnen den Ball zuerst in Händen hält, darf gleich den nächsten Buchstaben rufen.
Achtung: Je nachdem, wie viele Kinder mitspielen, werden zwei nur einen Nachbarn haben. Sind z. B. 22 Kinder anwesend, haben Spieler A und Spieler V nur jeweils einen Nachbarn. Bei Schüler A ist es Schüler B und bei Schüler V wäre es der Nachbar U. In diesen beiden Fällen springt die Lehrerin als „Joker" ein.

Aufgepasst!

Alle Kinder sitzen zusammen mit dem Lehrer im Kreis, die Hände liegen flach auf den Oberschenkeln. Der Lehrer ist der Spielleiter. Er beginnt, indem er eine beliebige Handbewegung vorgibt, die nun nacheinander alle Kindern nachmachen müssen.
Beispiel: Der Spielleiter klatscht einmal in die Hände und ruft „Rechts!" Nun muss also sofort der rechte Nachbar die Bewegung nachmachen, dann dessen rechter Nachbar usw., bis die Bewegung wieder beim Spielleiter angekommen ist. Nacheinander schickt der Spielleiter immer schwierigere Bewegungen und Bewegungskombinationen – z. B. klatschen, aufstehen, verbeugen, hinsetzen – einmal nach rechts und dann wieder nach links von Schüler zu Schüler.
Dieses Spiel fordert, vor allem wenn es schnell gespielt und die Richtung häufig gewechselt wird, hohe Konzentration von den Teilnehmern und macht den Kindern großen Spaß. Natürlich wird sich der Spielleiter bald von einem Schüler ablösen lassen.
Wer will, kann „Aufgepasst!" auch im Wettbewerb spielen. Jeder Schüler, der einen Fehler macht, scheidet aus und begibt sich mit seinem Stuhl aus dem Kreis. Die letzten drei Spieler haben gewonnen.

Hindernislauf

In der Turn- oder Pausenhalle werden verschiedene Gegenstände, z. B. Schultaschen oder Stühle, so aufgebaut, dass ein kurzer, einfacher Hindernisparcours entsteht.
Der erste Schüler steht am Start. Er bekommt 1 Minute Zeit, sich ganz intensiv die Hindernisstrecke einzuprägen. Dann werden ihm die Augen verbunden und er muss den Parcours durchqueren, ohne auch nur einmal an ein Hindernis zu stoßen oder es gar umzuwerfen. Die Schnelligkeit spielt dabei keine Rolle!
Damit die Chancen einigermaßen gleich verteilt sind, sollte der Parcours nach etwa drei Durchläufen geändert werden. Es empfiehlt sich auch, dass Kinder, die noch nicht an der Reihe waren, außerhalb auf ihren Einsatz warten, sonst haben sie ja wesentlich mehr Zeit, sich den Parcours einzuprägen.

Im Rückwärtsgang

Jede Schülergruppe zeichnet auf dem Pausenhof mit Kreide einen Weg von etwa 10 Meter Länge auf. Dieser Weg sollte eine ganze Reihe Kurven aufweisen.

Nun darf der erste Schüler starten. Er soll mit Hilfe eines Taschenspiegels den Weg rückwärts so zurücklegen, dass er keinesfalls auf oder über die Kreidebegrenzung des Weges tritt. Passiert das trotzdem – und die Mitschüler passen da sehr genau auf –, muss der Schüler wieder von vorne beginnen! Die Zeit für den Rückwärtsgang wird für jedes Kind gestoppt. Der schnellste Rückwärtsläufer hat gewonnen.

Nun tauschen die Gruppen ihre Plätze, sodass jede auf einem neuen Pfad rückwärts gehen darf. Wer will, kann die Bestzeiten je Rückwärtsstrecke notieren und die jeweiligen Sieger mit einem kleinen Preis belohnen.

Tipp: „Preise" müssen keinesfalls materieller Art sein. Hier ein paar Vorschläge, worüber sich die Kinder mindestens genauso freuen:

- Der Sieger darf sich ein Lied wünschen, das dann alle für ihn singen.
- Dem Sieger wird von allen Kindern und dem Lehrer mit Handschlag gratuliert!
- Der Sieger darf sich sein Lieblingsspiel wünschen oder beim nächsten Spiel die Rolle des Spielleiters übernehmen.
- Der Sieger darf eine bestimmte, begehrte Arbeit (Hefte austeilen, Geld einsammeln usw.) übernehmen.

Mikado

Gestatten Sie Ihren Schülern ab und zu, in Gruppen Mikado zu spielen: Das Spiel fördert die Augen-Hand-Koordination des Kindes, seine Feinmotorik, die Aufmerksamkeit und die Geduld.

Tipp: Als Ersatz für Mikadostäbchen eignen sich Löffel, chinesische Essstäbchen und Zahnstocher.

Flaschen angeln

Ein hohes Maß an Konzentration und sehr viel Geduld fordert dieses Angelspiel. Eine Angel besteht aus einem Stück Schnur, etwa 1,5 Meter lang, an dessen freies Ende ein Gardinenring gebunden ist.
Der Angler steigt auf einen Stuhl. Auf dem Boden vor ihm steht eine Plastikflasche. Der Angler versucht, den Ring über den Flaschenhals gleiten zu lassen.

Geschichten laufen

Dieses Konzentrationsspiel eignet sich besonders für Grundschulkinder. Neben einer Übung des Konzentrationsvermögens werden hierbei noch zusätzlich zehn Merkwörter optisch und akustisch gefestigt, und außerdem können sich die Kinder bewegen.
Die Lehrerin schreibt zuerst zehn Merkwörter auf DIN-A4-Blätter und heftet diese verteilt im ganzen Klassenzimmer an Tafel, Tür, Schrank, Wände und Fenster. Nun erzählt sie eine kleine Geschichte, in der nacheinander alle Wörter ein- oder mehrmals vorkommen. Sobald die Kinder ein Wort hören, das auf einem der Blätter steht, laufen sie dorthin. Wer zuletzt ankommt, scheidet aus, es sei denn, er kann ersatzweise schnell einen neuen Satz bilden, in dem dieses Wort vorkommt.

Das Pflaster-Spiel

Jedem Kind wird ein Buchstabenpflaster auf die Stirn geklebt. Das Buchstabenpflaster ist ein ganz normaler Streifen Heftpflaster oder Leukoplast, auf dem zuvor ein beliebiger Buchstabe geschrieben wurde. Klar, dass die Kinder ihr eigenes Pflaster nicht zu Gesicht bekommen, darum wird auch der Spiegel im Klassenzimmer verhängt.
Nun gehen alle Kinder im Klassenzimmer spazieren und fragen jeden Wanderer, an dem sie vorbeikommen, ob der eigene Buchstabe z. B. im Wort „Auto" vorkommt oder in „Sonne", „Tafel" etc. Auf diese Weise versucht jeder möglichst schnell, seinem Buchstaben auf die Spur zu kommen.
Wer meint, ihn erraten zu haben, läuft zur Lehrerin und fragt nach. Die ersten drei Kinder, die ihren Buchstaben heraufgefunden haben, verdienen einen kleinen Preis.

Aller Dinge Hort
ist das Gedächtnis.

Cicero

Merk mal!

Gedächtnisspiele

Memory

Vorbereitung: Jeder Schüler zeichnet auf dem Block ein Spielfeld aus 16 gleich großen Quadraten auf. Der Lehrer bereitet eine Folie mit ebensolchen Quadraten vor und zeichnet in jedes Feld ein beliebiges Symbol: einen Buchstaben, eine Zahl oder ein kleines Bild (siehe Abbildung).
Spielverlauf: Der Tageslichtprojektor wird eingeschaltet. Die Schüler haben 2 Minuten Zeit, sich die Symbole und ihre Lage auf dem Spielplan einzuprägen. Dann wird der Projektor ausgeschaltet und die Schüler füllen ihre Spielpläne aus.
Nach etwa 3 Minuten findet die Kontrolle mit der Folie des Lehrers statt. Jeder Schüler tauscht sein Blatt mit dem des Nachbarn. Für jedes richtige Symbol erhält er einen Punkt. Liegt das Symbol auch im richtigen Quadrat, erhält er einen zusätzlichen Punkt. Die Endergebnisse werden verglichen und der Schüler mit dem besten Gedächtnis wird beglückwünscht.

Krimskrams

Vorbereitung: Die Schüler sammeln in einer Schachtel möglichst viele kleine Krimskrams-Dinge wie z. B. Büroklammern, Radiergummis, Reißnägel, Patronen, Münzen, Papierkügelchen, Filzstiftkappen, Knöpfe usw. Die Klasse wird in zwei gleich starke Gruppen geteilt, immer zwei Schüler spielen zusammen. Einer ist der Aufgabensteller und sein Partner darf in der ersten Spielrunde sein Gedächtnis unter Beweis stellen.

Spielverlauf: Der Aufgabensteller zeichnet auf ein Blockblatt ein großes Quadrat, das er wiederum in neun kleine Quadrate (6 Zentimeter Seitenlänge) unterteilt. Dann darf er sich beliebige Dinge aus der Krimskrams-Schachtel holen und, während sein Spielpartner natürlich nicht zusehen darf, auf dem Spielfeld verteilen (siehe Abbildung).

Der Partner kann sich jetzt die Gegenstände etwa eine halbe Minute lang ansehen und sich genau einprägen, wo welches Ding liegt. Dann schiebt der Aufgabensteller die Krimskrams-Dinge vom Spielplan und sein Partner muss sie wieder an die richtigen Plätze legen. Für jedes Ding am richtigen Platz erhält der Spieler einen Punkt.

Nun werden die Rollen getauscht. Der Partner gibt alle neun Gegenstände zurück in die Krimskrams-Schachtel und sucht sich seinerseits neun Dinge aus, die er jetzt auf dem Spielplan verteilt.

Spielkarten-Memory

Ein Satz Spielkarten (maximal 32 Karten) wird gut gemischt und mit der Bildseite nach unten auf dem Tisch verteilt.
Nun dürfen die Schüler abwechselnd zwei beliebige Karten aufdecken. Sind sie nicht vom gleichen Wert, also z. B. ein König und eine Neun, so werden sie wieder umgedreht zurückgelegt und der nächste Spieler ist an der Reihe. Sind aber beide Karten gleichwertig, also z. B. zwei Asse, so darf der Spieler eine dritte und, wenn auch diese Karte den gleichen Wert hat, noch ein vierte Karte aufdecken. Vier Spielkarten mit dem gleichen Wert, z. B. vier Damen, dürfen von dem jeweiligen Schüler abgelegt werden. Außerdem ist dieser Spieler so lange weiterhin an der Reihe, bis auch er eine unpassende Karte umdreht.
Das Spiel ist zu Ende, wenn alle Karten auf diese Weise ihren Besitzer gefunden haben. Nun werden die erbeuteten Quartette gezählt und der Sieger wird festgestellt.

Gedanken-Kegeln

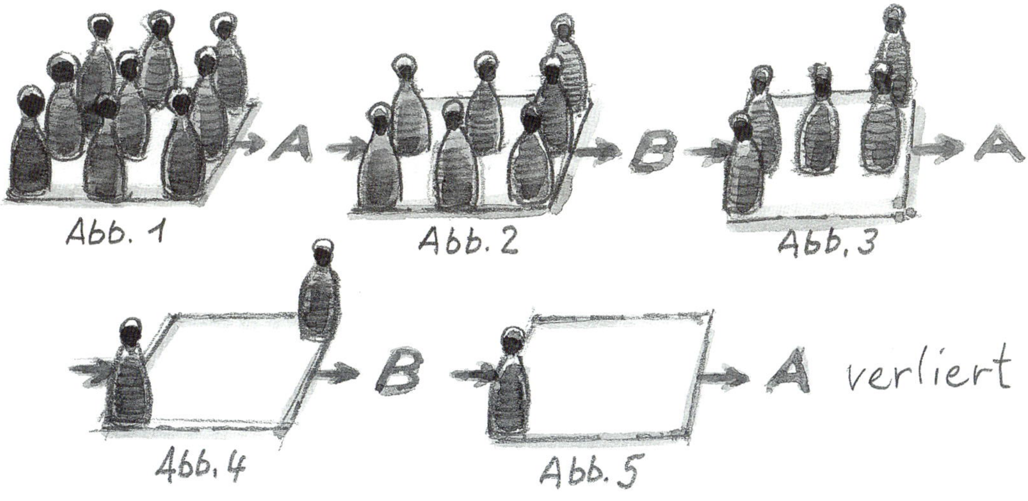

Ein Gedankenspiel, das von den Spielern neben Logik, Abstraktionsfähigkeit und Konzentration auch ein gutes Gedächtnis und Findigkeit fordert. Zur Einführung können die ersten Runden mit Knöpfen oder Steinchen gespielt werden, um das später notwendige Vorstellungsvermögen zu unterstützen, aber danach wird nur in Gedanken gespielt.

Zwei gegeneinander antretende Spieler stellen sich neun Kegel vor, die wie gezeigt angeordnet sind (Abb. 1). Abwechselnd darf nun jeder Spieler Kegel wegnehmen, bei jedem Zug aber nur aus einer waagrechten Reihe. Wie viele Kegel er auf einmal nimmt, bleibt ihm überlassen: einen, zwei oder drei. Verloren hat der Spieler, der den letzten Kegel nehmen muss.

Beispiel: A nimmt in der oberen Reihe den linken und den mittleren Kegel (Abb. 2). B nimmt aus der unteren Reihe den mittleren und den rechten Kegel (Abb. 3). A nimmt die ganze mittlere Reihe (Abb. 4). B nimmt in der oberen Reihe den rechten Kegel (Abb. 5). A verliert, ihm bleibt der letzte Kegel!

Zahlenschloss

Die Aufgabe dieses Spiels ist, den Code eines fiktiven Zahlenschlosses zu „knacken". Der „Besitzer" des Zahlenschlosses überlegt sich eine beliebige zweistellige Zahl, wobei aber eine Ziffer nicht doppelt vorkommen sollte. Die „Schlossknacker" fragen nun abwechselnd zweistellige Zahlen ab. Der „Besitzer" gibt jeweils die Anzahl der übereinstimmenden Zahlen an. Die Spieler müssen nun geschickt kombinieren. Wer zuerst den Code weiß, gewinnt.

● Geübte Spieler können die Schwierigkeit erhöhen, indem sie das Zahlenschloss mit einem dreistelligen Code versehen.

Tastknopf

Jedes Kind sucht sich aus der Knopfschachtel ein besonders schönes Exemplar aus. Diese ausgewählten Knöpfe bekommt der Spielleiter, der noch ein paar andere dazulegt, damit das Spiel schwieriger und spannender wird.
So, jetzt müssen alle Kinder die Augen schließen. Der Spielleiter gibt nun einen beliebigen Knopf an den ersten Spieler. Der tastet ihn genau ab und gibt ihn – sofern es nicht sein ausgewählter Knopf ist – an seinen Nachbarn weiter. So gehen die Knöpfe reihum. Wer meint, seinen Knopf ertastet zu haben, sagt nichts, legt ihn aber vor sich auf den Tisch, gibt also diesen Knopf nicht weiter. Das Spiel ist zu Ende, wenn vor jedem Kind ein Knopf liegt. Nun dürfen die Schüler die Augen wieder öffnen und nachsehen, ob auch richtig getastet wurde.

Koffer packen

„Koffer packen" ist ein altes und bestimmt auch vielen Kindern bekanntes Spiel. Da es sich aber besonders gut zur Übung von Konzentration und Gedächtnis eignet, darf es in dieser Sammlung nicht fehlen.
Ein Kind beginnt das Spiel und sagt z. B.: „In meinen Koffer packe ich … eine Zahnbürste." Der Spielpartner wiederholt den ersten Gegenstand und fügt einen weiteren hinzu, z. B. „In meinen Koffer packe ich eine Zahnbürste … und ein paar Gummistiefel." So wird das Spiel fortgesetzt. Wer einen Gegen-

stand zu nennen vergisst oder nicht mehr weiterweiß, scheidet aus. Spielen mehrere Kinder miteinander, so wird das Spiel so lange fortgesetzt, bis nur noch ein Kind – der Sieger im Kofferpacken – übrig bleibt.
Übrigens: Je lustiger, verrückter und komplexer die genannten Gegenstände sind, umso höher ist die Wahrscheinlichkeit, dass sie behalten werden, z. B.: „In meinen Koffer packe ich einen Dinosaurier, ein Stück Sahnetorte und 100 Meter Kaugummi …"

- Oder wir spielen so: Die Namen aller Gegenstände, die in den Koffer gepackt werden, richten sich nach dem Alphabet, also vielleicht so: „In meinen Koffer packe ich einen Angelhaken, ein Butterbrot, einen Chemielehrer, einen Dampfkochtopf, …"
- Oder wir spielen „Tante Paula": Der erste Schüler beginnt: „Tante Paula lebt in Polen in einem kleinen Haus, mit einer klitzekleinen Maus, die macht piep, piep." Der nächste Spieler wiederholt das Gesagte und fügt ein weiteres Tier an, z. B.: „Tante Paula lebt in Polen in einem kleinen Haus, mit einer klitzekleinen Maus, die macht piep, piep, und mit einer gefleckten Kuh, die macht muh, muh." Jeder Spieler erweitert Tante Paulas Haustierbestand um ein neues Exemplar. Wenn man nicht mehr weiterweiß, geht das Spiel von vorne los, diesmal vielleicht mit der Geschichte von Onkel Otto aus Ottawa oder Tante Thea aus Tunesien.
- Oder wir schauen alle aus den Fenstern des Klassenzimmers und spielen so: Der erste Spieler beginnt das Spiel mit den Worten: „Ich schaue aus dem Fenster und sehe den Fahrradständer." Der nächste Spieler wiederholt, was der Vorgänger gesagt hat und fügt etwas Neues hinzu, das er gerade sehen kann, also z. B.: „Ich schaue aus dem Fenster und sehe den Fahrradständer und einen Strommasten." So spielt man weiter und weiter, bis schließlich ein Schüler nach dem anderen aufgeben muss, weil er die Dinge nicht mehr in der richtigen Reihenfolge aufzählen kann.
- Und zuletzt besucht uns noch der „Alphabet-Onkel": Der erste Schüler sagt z. B.: „Mein Onkel ist anstrengend." Der zweite Spieler wiederholt den Satz und fügt eine Eigenschaft des Onkels an, die mit „b" beginnt, z. B.: „Mein Onkel ist anstrengend und beliebt." Der nächste Spieler fügt vielleicht noch hinzu, dass der Onkel chic ist, dann könnte er noch diebisch sein und elegant usw. Sind die Spieler beim Buchstaben „z" angekommen, überlegen sie sich neue Eigenschaften für die „Alphabet-Tante". Diesmal beginnen die Eigenschaften der Tante mit „z" und enden bei „a".

Tipp: Seltene Buchstaben wie „q", „x" und „y" dürfen ausgelassen werden.

Geräusche-Memory

Einem Spieler der Gruppe werden die Augen verbunden. Nun darf jeder Mitspieler nacheinander ein beliebiges Geräusch machen, z.B. mit den Fingerkuppen auf die Tischplatte klopfen, husten, sich räuspern, in die Hände klatschen usw. Waren alle Gruppenmitglieder an der Reihe, muss der „blinde" Spieler die Geräusche – wenn möglich in der richtigen Reihenfolge – nachmachen.

Tipp: Es ist hilfreich, wenn man sich als Gedächtnisstütze zu den Geräuschen eine kleine Geschichte überlegt. Beispiel: Es regnet (Klopfen der Fingerkuppen), ich liege krank im Bett (Husten) etc.

● Oder wir spielen das Spiel „Geräuschekette": Es schult nicht nur die Ohren, sondern auch die Konzentration! Am besten spielt es sich im Sitzkreis. Der erste Spieler erzeugt ein Geräusch, indem er z.B. in die Hände klatscht. Der nächste wiederholt es und fügt ein neues Geräusch dazu – er schnalzt vielleicht mit der Zunge.

Wie beim altbekannten „Kofferpacken" kommt es auf die Wiederholung der Geräusche in der richtigen Reihenfolge an. Wer einen Fehler macht, scheidet aus. Natürlich sind auch Tierlaute, knatternde Motorengeräusche und jede Menge krächzende Monsterstimmen erlaubt.

Neue Wörter in gewohnter Umgebung

Das Gedächtnis funktioniert besser, wenn man neue Informationen an alte Inhalte knüpft. Mit größeren Schülern kann man folgendes Experiment durchführen: Die Kinder sollen sich den gewohnten Weg von zu Hause bis zur Schule durch den Kopf gehen lassen und fünf markante Dinge auf dem Schulweg notieren, z. B. „Hausdach", „großer Baum", „Bahnschranke", „Kirche" und „Schulhaus".
Die Schüler haben jetzt 4 Minuten Zeit, sich fünf zusammenhanglosen Wörter einzuprägen, z. B. „Winter", „Ball", „Luft", „Schatz" und „Feld". Dazu sollen sie jedem Anhaltspunkt auf dem Schulweg ein Wort zuordnen.
Ein Schüler merkt sich die Wörter vielleicht so: Winter – dicker Schnee liegt auf dem Hausdach; Ball – am großen Baum wachsen bunte Bälle; Luft – wer an der Bahnschranke steht, spürt den Luftzug des vorüberfahrenden Zuges; Schatz – unter der Kirche liegt ein Piratenschatz; Feld – das Schulhaus fliegt in die Luft und es bleibt ein Feld.
Keine Angst vor so makaberen Assoziationen wie z. B. der letzten mit dem Schulhaus. Ist die „Eselsbrücke" nämlich zusätzlich verrückt oder witzig, erhöht sich die Wahrscheinlichkeit des Behaltens noch einmal.
Dieses Experiment sollte öfter durchgespielt werden. Die Merkinhalte können dabei immer schwieriger werden, z. B. durch „abstrakte" Wörter wie „Erkenntnis", „Zufall", „Zuversicht", „Hast" oder „Mut", durch Zahlen bzw. Zahlenkombinationen oder durch Englischvokabeln. Die Schüler knüpfen die neuen Merkwörter immer wieder an die gewohnten Anhaltspunkte ihres Schulweges. Später wird die Anzahl der Merkwörter gesteigert. Natürlich müssen dann auch neue Anhaltspunkte auf dem Schulweg dazukommen.

Der Taschendieb

Kinder lieben es, Handtaschen nach ihrem Inhalt zu untersuchen. Hier machen wir gleich ein Gedächtnisspiel daraus.

Nachdem sich ein Schüler den Schultascheninhalt der Lehrerin oder eines Mitschülers genau betrachtet hat, schließt er die Augen, und ein anderes Kind nimmt ein Teil (z. B. das Federmäppchen) aus der Tasche. Jetzt soll der Schüler die Augen wieder öffnen, die Tasche noch einmal genau inspizieren und möglichst rasch herausfinden, was der „Taschendieb" geklaut hat.

Knöpfeln

Zehn verschiedene Knöpfe werden in eine Schachtel gelegt und einem Mitspieler 20 Sekunden lang gezeigt. Während der Spieler sich nun umdreht, nimmt ein Kind ganz geheim einen Knopf aus der Schachtel. Der Mitspieler darf sich die übrigen Knöpfe wieder anschauen und muss herausfinden, welcher Knopf fehlt.

● Oder so: Auf dem Tisch wird eine Knopfschlange von 15 Knöpfen ausgelegt. Ein Mitspieler darf sich die Schlange 20 Sekunden lang ansehen. Dann muss er die Augen fest zukneifen (und darf ja nicht blinzeln!). In dieser Zeit vertauscht ein anderes Kind die Lage von zwei beliebigen Knöpfen. Ob der Mitspieler herausbekommt, welche zwei Knöpfe das waren?

Memory mit K(n)öpfchen

Für dieses Kleingruppenspiel werden 20 kleine Knöpfe, genauer gesagt: zehn Knopfpaare, gebraucht. Jeder Knopf wird mit der Schublade einer Streichholzschachtel (oder einem Kronkorken oder einem Saftverschluss) zugedeckt. Dann werden die Schubladen noch ein bisschen auf der Tischplatte hin und her geschoben und schon kann das Spiel beginnen.

Der jüngste Teilnehmer fängt an. Er darf zwei beliebige Schubladen anheben und nachschauen, welche Knöpfe darunterliegen. Sind die Knöpfe ungleich, werden sie wieder zugedeckt und der nächste Spieler versucht sein Glück. Natürlich merken sich alle Mitspieler, welcher Knopf unter welchem „Deckel" liegt. Hat nun ein Spieler das Glück, zwei gleiche Knöpfe aufzudecken, darf er sie aus dem Spiel nehmen und so lange weiterspielen, bis auch er zwei ungleiche Knöpfe aufdeckt.

Am Spielende, wenn alle Knöpfe ihre Besitzer gefunden haben, werden die Knopfpaare gezählt. Wer die meisten erbeuten konnte, ist Sieger!

Gedächtnistraining im Dunkeln

Das Klassenzimmer wird so gut es geht verdunkelt. Die Lehrerin, später ein Schüler, richtet nun eine Taschenlampe nacheinander auf verschiedene Dinge im Klassenzimmer. Sie beleuchtet den jeweiligen Gegenstand etwa 5 Sekunden lang. Auf diese Weise werden zehn verschiedene Gegenstände hintereinander angestrahlt.
Jetzt schaltet die Lehrerin die Deckenbeleuchtung wieder ein und alle Schüler schreiben – möglichst in der richtigen Reihenfolge – die Namen der zuvor beleuchteten Dinge auf. Beispiel: „1. Landkarte, 2. Abfalleimer, 3. Kaktus, 4. Waschbecken, 5. Bild, 6. Timos Schulranzen, 7. Uhr, 8. Blumentopf, 9. Stuhl, 10. Kalender".
Ist einem Schüler gelungen, die angestrahlten Dinge sogar in der richtigen Reihenfolge zu notieren? Für jeden richtigen Begriff erhält man einen Punkt, ist der Gegenstand sogar an richtiger Stelle genannt, erhält der Schüler dafür zwei Punkte. Wer die meisten Punkte hat, darf in der nächsten Runde das Spiel leiten.

Der Meisterdetektiv

Ein Schüler, der Detektiv in diesem Spiel, wartet vor dem Klassenzimmer, bis sich die anderen auf einen Gegenstand geeinigt haben, den er aufspüren soll, z. B. das Radio, die Haarspange einer Mitspielerin usw.
Der Detektiv wird ins Klassenzimmer gerufen und die Lehrerin misst von diesem Moment an die Zeit, die er braucht, um mit Fragen nach Beschaffenheit, Farbe und Lage des Gegenstandes herauszubekommen, um was es sich da eigentlich handelt. Sobald der Detektiv den richtigen Begriff, z. B. „Glühbirne", nennt, wird die Stoppuhr angehalten und die Lehrerin notiert, wie lange er für die Aufklärung seines Falles benötigte.
Nachdem im Laufe der Woche jeder Spieler einmal sein Können als Detektiv unter Beweis stellen konnte, wird der Meisterdetektiv beglückwünscht. Es ist natürlich derjenige, der seinen Fall am schnellsten aufklären konnte.

*Denken ist etwas,
das auf Schwierigkeiten folgt und
dem das Handeln vorausgeht.*

Bertolt Brecht

Denk mal!

Denk- und Rätselspiele

Rätselhafte Familienverhältnisse

Dieses kleine Denkspiel kann immer wieder einmal in den Unterricht eingestreut werden. Also z. B.:

→ Erwins Vater ist der Sohn von Friedrich. Wie sind Erwin und Friedrich verwandt? (Erwin ist Friedrichs Enkel bzw. Friedrich ist Erwins Großvater.)

→ Wie sind der Sohn meiner Schwester und meine Mutter zueinander verwandt? (Der Sohn meiner Schwester ist der Enkel meiner Mutter.)

→ Wie sind die Tochter meiner Tante und meine Schwester verwandt? (Es sind Kusinen.)

Nach einer Weile dürfen natürlich auch die Kinder selbst ihren Mitschülern solche Verwandtschaftsrätsel stellen (vorausgesetzt natürlich, die Fragesteller wissen die Antwort selbst!).

Geheimschriften haben für Kinder etwas Faszinierendes. Beim Verschlüsseln wie auch beim Entschlüsseln von Botschaften müssen Absender und Empfänger sehr gewissenhaft arbeiten. Wer will, kann sich und den Schülern den Spaß machen und schriftliche Arbeitsaufträge sowie Hausaufgaben in Geheimschrift an die Tafel schreiben. Sie werden staunen, mit welchem Eifer die Schüler sich plötzlich für die anstehenden Aufgaben interessieren!

Kleine Unterschiede

Was ist der Unterschied zwischen Schnee und Regen, einem Hund und einer Katze, einem Kinderwagen und einem Lastauto …? Jeder Schüler darf einmal eine Spielaufgabe stellen und sie von einem beliebigen Mitspieler beantworten lassen.

● Genauso geht das Spiel auch andersherum – jetzt suchen wir nach Gemeinsamkeiten: Was haben Schnee und Regen gemeinsam? Usw.

Das große, schnelle Gruppenquiz

Die Klasse wird in zwei gleich große Gruppen eingeteilt. Jede Gruppe nummeriert ihre Mitglieder durch, sodass die Nummern in beiden Gruppen übereinstimmen. Bevor das Spiel beginnt, sollte das Vorwissen der Kinder aktiviert werden.

Beispiel für Grundschulkinder:

Es geht darum, möglichst viele Tiere zu nennen, die zu einer der folgenden drei Gruppen gehören: zu Wasser (Forelle, Muschel, …), zu Land (Schaf, Regenwurm, …), zu Luft (Adler, Biene, …).

So, nun kann das Spiel beginnen. Der Lehrer nennt eine beliebige Nummer, z. B. „Nummer 4", und dazu die gewünschte Tiergruppe, z. B. „zu Wasser". Beide Schüler, die die Nummer 4 tragen, müssen nun blitzschnell ein passendes Tier nennen, z. B. „Hai". Wer zuerst eine richtige Antwort weiß, erhält einen Pluspunkt für seine Gruppe. Nach etwa 20 Spielrunden werden die Punktestände verglichen und die Siegergruppe festgestellt.

- Variationen für ältere Schüler:

→ Maler – Schriftsteller – Komponist: Der Spielleiter nennt eine Nummer und den Berufszweig, z. B. „Nummer 8 – Komponist".

→ Europa – Afrika – Asien: Jetzt geht das Spiel ein bisschen anders – die Lehrerin nennt eine Nummer und eine bekannte Stadt, z. B. „Nummer 6 – Johannisburg". Wer jetzt zuerst „Afrika" sagt, gewinnt den Punkt für seine Gruppe.

→ Länder und Währungen: Der Spielleiter nennt eine Nummer und ein beliebiges Land, z. B. „Nummer 3 – Italien". Wer von den beiden Schülern mit Nummer 3 zuerst die richtige Antwort gibt, in unserem Fall „Euro", erhält den Punkt für seine Gruppe.

Kombiniere!

Für dieses Spiel braucht man nicht nur einen reichen Wortschatz, man muss auch gut kombinieren können.
Der Spielleiter überlegt sich ein deutsches Wort, das aus drei verschiedenen Buchstaben besteht, z. B. „EIS". Die anderen Spieler versuchen dieses Wort zu erraten und nennen abwechselnd Wörter mit drei verschiedenen Buchstaben. Der Spielleiter vergleicht das Fragewort mit seinem Merkwort und gibt die Anzahl der übereinstimmenden Buchstaben an. Wer das Merkwort zuerst weiß, gewinnt.
● So wird's schwieriger: Besonders spannend und interessant wird das Spiel mit Wörtern aus je vier Buchstaben. Nun ist es aber notwendig, dass sich die Rater Notizen auf den Block machen und ein Kontrollalphabet vor Augen haben!

Gemeinsamkeiten

Die Spieler sitzen im Kreis. Ein Mitspieler wird vor die Tür geschickt.
Nun überlegen sich die Spieler Gegenstände, die eine Gemeinsamkeit aufweisen, z. B. „Himmel", „Veilchen", „Wasser" und „Taube". (Gemeinsamkeit: Alle Dinge sind blau.) Oder etwas schwieriger: „Ferkel", „Korken", „Schurke" und „Parkplatz". (Gemeinsamkeit: Alle Wörter weisen die Buchstabenkombination „rk" auf.)
Haben die Spieler die Gemeinsamkeit festgelegt, wird der Rater hereingeholt. Ein Mitschüler teilt ihm die vier Wörter mit oder schreibt sie zusätzlich an die Tafel. Nun muss der Rater herausfinden, was die genannten Gegenstände gemeinsam haben.

Das Vorgänger-Nachfolger-Wort

An der Tafel steht ein seltsames Wort: NPOUBH. Wer zu jedem Buchstaben den entsprechenden Vorgänger sucht, kann das Wort lesen (MONTAG). Genauso wird nach den Nachfolger-Buchstaben gesucht, z. B.: VHMSDQ (WINTER).

Musikalisches Wettwürfeln

Die Kinder sitzen in Gruppen um einen Tisch herum. Ein Schüler bekommt einen Würfel und darf nun so oft wie möglich hintereinander würfeln, während die Mitspieler gemeinsam „Alle meine Entchen" singen. Alle Sechsen, die das Kind würfelt, solange die anderen singen, werden gezählt und am Ende als Pluspunkte gutgeschrieben. So ist nacheinander jeder einmal mit Würfeln an der Reihe. Es gewinnt, wer bei Spielende die höchste Punktzahl hat.

Das Verwandlungswort

Ein kurzes Wort wird vorgegeben, z. B. „HUND". Nun darf der erste Spieler einen beliebigen Buchstaben des Wortes verändern, sodass ein weiteres, sinnvolles Wort entsteht, z. B. „RUND". Der zweite Spieler ändert einen Buchstaben in „RUND" und sagt vielleicht „RAND". So wird weitergespielt, bis kein weiteres Wort mehr gebildet werden kann. Der Schüler, der jetzt gerade an der Reihe wäre, darf ein neues Ausgangswort vorgeben.

● Oder wir spielen „Buchstabenblitz": Ein kurzes Wort wird an die Tafel oder auf ein Blatt Papier geschrieben, z. B. „Rast". Die Spieler haben jetzt 5 Minuten Zeit, so viele Wörter wie möglich aufzuschreiben, die man bilden kann, indem man nur einen einzigen Buchstaben verändert (Rost, Mast, Last, Rest, …). Das Kind, das die meisten Wörter gefunden hat, gewinnt diese Spielrunde und darf das nächste Ausgangswort angeben.

*Genie ist in Wahrheit
kaum mehr als die Fähigkeit,
auf ungewöhnliche Weise
wahrzunehmen.*

William James

Maximal!

Multitasking

Buttern

Ein verflixtes Spiel, bei dem sich jüngere Kinder meist viel leichter tun als ältere oder gar Erwachsene.

Wir stellen uns also vor, dass wir Butter machen wollen. Jedes Kind hat eine imaginäre Schüssel voll Sahne vor sich und rührt darin unermüdlich mit der rechten Hand.

Nun wollen wir die Arbeit beschleunigen und stampfen mit der linken Hand zusätzlich noch in einem Butterfass. Also die rechte Hand rührt, während die linke Faust auf den Tisch stampft.

● Noch schwieriger wird es, wenn wir das Tempo beschleunigen und noch eine dritte Bewegung, z. B. mit dem Kopf nicken, dazunehmen.

Ein Blick in den Spiegel

Jetzt werden alle Kinder in Spiegel verwandelt. Die Lehrerin stellt sich vor die Klasse und führt nacheinander verschiedene Bewegungen aus, wie z. B. den Arm heben, mit der Schulter zucken, die Nase rümpfen usw. Die Spiegel-Kinder müssen die Bewegungen so schnell wie möglich nachmachen. Dabei ist es nicht wichtig, dass die Kinder sie mit der richtigen Seite ausführen. Kommen alle Kinder gut mit, schaut die Lehrerin in verschiedenen Emotionslagen in ihren Klassen-Spiegel. Einmal ist sie traurig und weint fast, dann freut sie sich oder ist überrascht oder erschrocken. Immer wieder kann sie sich in den Gesichtern der Schüler spiegeln. Natürlich dürfen dann auch Schüler abwechselnd in den Spiegel schauen.

Ferngesteuert

Ein Spieler kommt zur Tafel und wird angewiesen, die Kreide an einer bestimmten Stelle der Tafel anzusetzen. Ein weiterer Spieler überlegt sich, was der Zeichner malen soll, und erteilt jetzt die Kommandos, z. B. „nach oben!", „nach links!" usw. Der Kommandant versucht die Kreide des Künstlers so zu steuern, dass der den geheimen Gegenstand malt. Die Mitspieler beobachten das Geschehen ganz genau. Wer erkennt zuerst, was da gerade gezeichnet wird?

Die Rückenpost

Ein Schüler dreht den Mitspielern den Rücken zu. Ein anderes Kind stellt sich hinter ihn und „schreibt" nun mit dem Finger einen Buchstaben auf den Rücken des Vordermannes. Wer sich gut konzentriert, kann nicht nur einzelne Buchstaben, sondern ganze Wörter und Sätze mit seinem Rücken „lesen". Damit alle Schüler mindestens einmal zum Schreiben und Lesen an die Reihe kommen, spielen die Kinder am besten in Partnergruppen weiter.

Abzählen

Bei diesem anspruchsvollen Spiel muss jedes Kind genau auf das genannte Wort achten, es in Gedanken visualisieren und dann noch schnell die Buchstaben abzählen.
Ein Kind beginnt und ruft laut und deutlich ein beliebiges Wort, das es natürlich selbst gut kennt, und eine Zahl, z. B. „Schaukel – 7". Das Kind, das zuerst den siebten Buchstaben im vorgegebenen Wort nennt, in unserem Fall also „e", gibt das nächste Abzählrätsel auf.

Kreuz und quer durch unsere Stadt

Jede Partnergruppe hat auf ihrem Tisch einen Stadtplan aufgeschlagen. Nachdem alle Kinder auf dem Plan die Schule gefunden haben, darf ein Kind den Mitschülern seinen Nachhauseweg aus dem Gedächtnis beschreiben (ohne Plan).
Die Mitschüler „gehen" auf dem Plan mit. Dabei stellt sich schnell heraus, wie wichtig genaue Angaben sind. Nicht selten können sogar die Schüler der oberen Klassen nicht mit Sicherheit die Namen der Straßen angeben, die sie Tag für Tag und seit vielen Jahren entlanggehen.
Danach können uns einzelne Schüler zu besonderen Sehenswürdigkeiten, der besten Pizzeria, der tollsten Eisdiele, dem Abenteuerspielplatz oder an sonst einen attraktiven Platz führen. Wichtig dabei: Das Ziel darf nie vorweg genannt werden, damit die Schüler gezwungen sind, den Weg nach den Angaben des „Reiseleiters" auf der Karte nachzufahren.

Der Bleistift-Turm

Für dieses Spiel werden je Schülergruppe 20 Blei- oder Farbstifte gebraucht. Die Gruppe wählt einen Mitspieler aus, dem die Augen verbunden werden und der das Spiel beginnt.

Diese Spieler soll nun „blind" einen möglichst hohen Turm aus den Stiften bauen. Dabei legt er zunächst zwei Stifte in einigem Abstand parallel auf den Tisch und zwei weitere quer auf die unteren. Wie viele Stifte schafft der Schüler aufeinander zu legen, ohne dass der Turm umfällt? Besonders schwierig wird es, wenn die Mitschüler den Turmbau kommentieren, singen, Witze erzählen usw.

- Oder wir spielen so: Einem Schüler werden die Augen verbunden. Er hat die Aufgabe, aus den vorhandenen, leeren Streichholzschachteln (oder Pappbechern o. ä.) einen möglichst hohen Turm zu bauen. Die Anzahl der Schachteln, aus denen der Turm bestand, bevor er einstürzte, wird gezählt und der jeweiligen Schülergruppe, zu der der Turmbauer gehört, gutgeschrieben. Welche Gruppe erreicht das höchste Gruppenergebnis?

Natürlich dürfen die beiden besten Türmebauer jeder Gruppe am Schluss unter den Augen aller Mitschüler noch einmal um die Wette Türme bauen.

Münzen-Kim

Die Kinder stehen im Kreis und halten ihre Hände auf dem Rücken. Nun werden fünf verschiedene Münzen nacheinander hinter dem Rücken der Schüler weitergereicht. Sind sie beim letzten Schüler angekommen, verschwinden sie wieder in der Hand des Lehrers.
Nun laufen alle Schüler auf ihre Plätze und schreiben auf, welche Münzen sie ertastet haben. Zusätzlich werden die Münzwerte addiert und die Summe notiert. Sind alle Kinder fertig, werden die Münzen einzeln vorgezeigt. Wer hat alle Münzen richtig „ertastet"? Wer hat die Summe der Münzwerte richtig errechnet?

Die klebrigen Gespenster

Das Klassenzimmer wird verdunkelt. Alle Kinder sitzen auf dem Boden und verwandeln sich, sobald das Licht ausgeknipst wird, in Gespenster. Die Gespenster schleichen mit geschlossenen Augen durch den Raum, lassen ab und zu schaurige Rufe ertönen und dürfen alles tun, aber auf keinen Fall ein anderes Gespenst berühren. Sollte das trotzdem geschehen, müssen diese beiden künftig miteinander Arm in Arm weiterschleichen.

Ödel-Dödels Ballspiel

Alle Kinder sitzen im Kreis und nennen zuerst der Reihe nach laut ihren neuen Namen. Beispiel: Elke beginnt und ruft „Ödel-Dödel Nummer 1", ihr linker Nachbar Hans sagt „Ödel-Dödel Nummer 2" usw., bis jedes Kind seinen Namen einmal laut gerufen hat.

Nun übergibt der Spielleiter einem beliebigen Spieler den Ball. Dieses Kind nennt seinen Namen, also z. B. „Ödel-Dödel Nummer 8", und den Namen desjenigen Kindes, dem es nun gleich den Ball zuwerfen wird, also z. B. „an Ödel-Dödel Nummer 15". Dabei wirft es diesem Kind den Ball zu. Hat die Nummer des Fängers gestimmt, wird gleich weitergespielt, z. B. „Ödel-Dödel Nummer 15 an Ödel-Dödel Nummer 4".

Sobald aber ein Kind einen Fehler macht, indem es z. B. eine falsche Nummer nennt, bekommt es einen Punkt auf die Hand (einen Klebe- oder Kreidepunkt). Nun hat dieses Kind natürlich einen neuen Namen, nämlich z. B. „Ödel-Dödel Nummer 9 mit einem Punkt", und muss auch so von den Mitspielern tituliert werden.

Sobald ein Spieler drei Punkte erhalten hat, wird das Spiel beendet und die punktlosen Ödel-Dödels werden als Sieger geehrt.

Timos Zauberkiste

Timo sitzt erhöht vor der Klasse und hält eine Kiste, die er den Kindern als Zauberkiste vorstellt, auf seinem Schoß. Nun entnimmt er nacheinander verschiedene Dinge: ein Kaninchen, einen Löwen, eine Wolke, ein Glöckchen, einen Fotoapparat, eine Schachtel Streichhölzer, eine Flöte und einige mehr. Natürlich gibt es diese Dinge nicht wirklich. Nur Timo kann sie sehen. Aber aufgrund der Art, wie er die Dinge aus seiner Zauberkiste herausholt und mit ihnen umgeht, können auch die anderen Kinder die Zaubergegenstände erkennen. Mehr als zehn Dinge haben aber auch in der tollsten Zauberkiste nicht Platz. Nun fragt Timo seine aufmerksamen Zuschauer, was diese sich gemerkt haben. Lisa erinnert sich an den Fotoapparat. Timo „nimmt" also seinen Fotoapparat, knipst vielleicht noch ein Klassenfoto und legt ihn wieder zurück in seine Kiste. Sind auf diese Weise alle Gegenstände wieder aufgeräumt, übergibt Timo seine Zauberkiste einem der Mitspieler. „Simsalabim" – schon werden zehn neue Dinge ans Tageslicht geholt.

Große Sprünge

Die Lehrerin nennt einen beliebigen Buchstaben, z. B. „H“, und übergibt einem Schüler das Sprungseil. Der soll nun bei jedem Sprung einen weiteren Buchstaben hinzufügen und, je nach Vorgabe, auf diese Weise entweder das Alphabet vorwärts oder rückwärts weiter aufsagen.
Das nächste Mal gibt die Lehrerin vielleicht eine beliebige Einmaleinsreihe vor, die vorwärts oder rückwärts „aufgesagt“ werden soll, oder sie gibt eine bestimmte Zahl vor, die immer wieder zu einer Ausgangszahl addiert oder von ihr subtrahiert werden soll, zum Beispiel „400, minus 9“. Ein Schüler bekommt das Springseil und soll nun bei jedem Sprung ein Rechenergebnis nennen, also 391, 382, 373 usw.
Wer sich beim Seilspringen verheddert oder ein falsches Rechenergebnis nennt, der merkt sich so viele Punkte, wie er Aufgaben fehlerlos gesprungen hat. Wem gelingt es, alle vorherigen Leistungen der Mitschüler zu überbieten?

Buchstaben ertasten

Für eine Gruppe von sechs Schülern werden ein Tuch benötigt sowie Buchstaben, die man vorher aus feinem Sandpapier (bzw. aus Pappe, Teppichfliesen oder Schreibtischunterlagen etc.) ausgeschnitten hat. Im ersten Schuljahr wird man selbstverständlich noch nicht alle 26 Buchstaben in diesem Spiel benutzen, sondern nach und nach sechs oder mehr, je nachdem, wie viele Buchstaben schon bekannt sind. Dafür schneidet man dann jeweils mehrere Exemplare des gleichen Buchstabens aus. Und so wird gespielt:

→ Form 1: Alle Buchstaben sind unter dem Tuch versteckt. Der Lehrer nennt einen Buchstaben, z. B. „A". Die Kinder tasten die Buchstaben unter dem Tuch ab, bis ein Kind meint, ein „A" gefunden zu haben. Es ruft laut „Stopp!". Der Lehrer gibt dem Kind ein Zeichen, dieses Buchstabenplättchen unter dem Tuch hervorzuholen. Hat das Kind richtig getastet, erhält es einen Punkt. Wer am Schluss des Spiels die meisten Punkte hat (an der Tafel notieren!), hat gewonnen.

→ Form 2: An die Tafel wird ein beliebiges Wort aus bekannten Buchstaben angeschrieben, z. B. „BLUME". Die Schüler tasten unter dem Tuch, fischen die benötigten Buchstaben heraus und heften sie mit Klebefilm unter die Tafelanschrift.

→ Form 3: Es wird in Partnergruppen gespielt. Während ein Kind seine Augen schließt, legt der Partner ein kurzes Wort aus den Fühlbuchstaben auf den Tisch. Dann führt er die Hand des Partners zum ersten Buchstaben. Der Spielpartner soll nun das Rätselwort mit seinen Fingerspitzen „lesen".

Die geheimnisvollen Säcke

Die Lehrerin bereitet etwa zehn kleine Säcke (z. B. Jutesäckchen oder undurchsichtige Plastiktüten etc.) vor, in die sie jeweils einen durch Form und Oberfläche eindeutig zu identifizierenden Gegenstand packt. Alle Säcke werden oben fest verschnürt, damit niemand hineinschielen oder hineingreifen kann. Als Gegenstände eignen sich: ein Stück Schnur, eine Zitrone, ein Apfel, ein Tischtennisball, ein Taschenkamm, eine Zahnbürste, ein Löffel, ein Schlüssel, ein Kugelschreiber, ein Spielwürfel und natürlich vieles, vieles mehr.
Die Lehrerin übergibt im Abstand von etwa 20 Sekunden Sack für Sack dem ersten Kind, das die Säcke nach dem Tasten zum Nachbarn weiterreicht. Hat jedes Kind alle Säcke betasten können, werden sie wieder dem Spielleiter zurückgegeben.
Die Schüler notieren auf dem Block, was sie glauben ertastet zu haben. Wer zudem die Gegenstände noch in der richtigen Reihenfolge aufzählen kann, erhält einen Zusatzpunkt.
Nun werden die Säcke feierlich geöffnet und die Gegenstände ans Tageslicht geholt. Die Kinder vergleichen und addieren ihre Punkte. Wer wird Sieger im Säcke-Tasten?

Doppelt gemoppelt

Jedes Kind nimmt in beide Hände einen Stift und malt auf ein Zeichenblatt gleichzeitig mit beiden Händen zwei verschiedene Gegenstände! Was dabei herauskommt, ist interessant: Das Bild, das mit der gewöhnten „Schreibhand" gemalt wurde, ist deutlich erkennbar, das Bild daneben ein eher abstraktes Gemälde, meistens größer und auf seine Weise genauso sehenswert.

Vorwärts und rückwärts

Ein Spieler beginnt, einen bekannten Text (z. B. einen älteren Diktattext) vorzulesen. Der Leser darf an einer beliebigen Stelle innehalten und einen Mitspieler aufrufen, der dann – vorausgesetzt, er hat gut aufgepasst – Wort für Wort rückwärts weiterliest. Auch er kann natürlich an beliebiger Stelle innehalten und einen anderen Spieler aufrufen, der von der Stoppstelle aus wieder vorwärts liest.

Schreiber und Lenker

Immer drei Kinder spielen zusammen. Einer wird der Schreiber, die beiden anderen sind die Lenker. Der Schreiber sitzt mit geschlossenen Augen in der Mitte und hält in jeder Hand einen Stift. Die beiden Lenker sitzen rechts und links vom Schreiber.
Jeder Lenker schnappt sich nun eine Hand des Schreibers und führt sie langsam über das Papier, sodass ein Wort entsteht. Der Schreiber passt genau auf, denn er soll möglichst schnell erraten, was er da gerade schreibt. Kann er am Schluss angeben, welche zwei Wörter er geschrieben hat?
● So wird es noch schwieriger: Die Zuschauer erzählen dem Schreiber Witze, unterhalten sich, singen und tun alles, um ihn abzulenken.

Kleine Wörterschlacht

Jeder Schüler notiert sich fünf beliebige Wörter mit je vier Buchstaben auf dem Block. Zur Kontrolle werden die Blätter mit dem Nachbarn getauscht, der die Wörter durchliest und ggf. auf Fehler aufmerksam macht. Die Kontrolle ist wichtig, damit nicht gemogelt werden kann.
Nun nennt die Lehrerin nacheinander einzelne Laute, z. B. „A/a". Jeder Schüler streicht alle „A/a" in seinen Wörtern durch. Wer zuerst ein Wort komplett gestrichen hat, ruft „Fertig!" und hat – vorausgesetzt, es stimmt – gewonnen. Der Sieger darf in der nächsten Runde die Rolle der Lehrerin übernehmen.

Links und rechts

Alle Kinder sitzen im Stuhlkreis. Die Lehrerin (später ein Schüler) steht in der Kreismitte. Sie beginnt das Spiel, indem sie z. B. auf die Sabine deutet und „links fünf" sagt.

Sabine muss sofort den Namen des fünften Kindes rufen, dass von ihr aus links sitzt. Bei „rechts fünf" ist der Name des fünften rechten Nachbarn gefragt. Die Lehrerin zählt leise bis drei. Ist bis dahin der richtige Name genannt worden, wendet sie sich einem anderen Kind zu. Kann die Gefragte aber innerhalb dieser Bedenkzeit den jeweils gewünschten Namen nicht sagen, so scheidet sie zusammen mit ihrem Stuhl aus dem Stuhlkreis aus.

Da die Kinder während des Spiels immer wieder neue Nachbarn bekommen, wird das Spiel selten langweilig. Je schneller gespielt wird, umso spannender und lustiger wird es.